소중한 사람

님께

이 책을 드립니다

소중한
사람에게
주고 싶은 책

**세월이 흐를수록 친숙한 삶의 향기와
쉼표 하나를 찍을 수 있는 여유로움을 전합니다!**

소중한
사람에게
주고 싶은 책

박은서 엮음

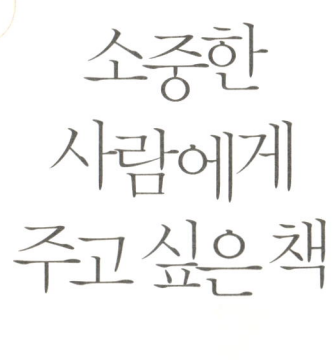

새론북스

내일에 대한 최상의 준비는 오늘을 잘 사는 것이다.

현재에 집중하라!

그리고 최선을 다하라.

마릴린 다이아몬드

밤마다 자주 깨어나

미래에 대한 생각을 하시나요?

많은 사람들이 그렇답니다.

당신처럼 말이죠.

앞으로 어떻게 될까?

배우자는 구하게 될까?

내가 건강을 되찾을 수 있을까?

돈은 항상 넉넉할까?

내가 처리한 일을 두고 내일 상사가 뭐라고 할까?

이렇게 되면 도통 잠을 이룰 수가 없겠지요.

한 마리, 두 마리 양을 셀 수도 없는 노릇이고,

걱정거리만 하나 둘 세게 될 뿐이지요.

설상가상으로 걱정거리는 셀 때마다 늘어만 갈 거고요.

하지만 과거도, 미래도 우리 손을 떠나 있습니다.

이렇게 믿어보세요.

'다 잘될 거야. 난 무슨 일이 닥쳐도 해낼 수 있어'라고.

그러면 당신의 미래도 잘 풀릴 겁니다.

오늘을 잘 지내려면

반드시 해야 할 일이 한 가지 있는데,

바로 이제 그만 잠을 청하는 거죠.

이 책을 당신 머리맡에 두고 눈을 감아보세요.

자 그럼, 잘 자요.

웃는 자가

이기는 자다.

메리 페티본 풀

오늘, 웃으셨나요?

아니면 직장동료를 웃기기라도 하셨나요?

아이들과 농담 따먹기는요?

아니, 아직도 안 하셨다고요?

그렇다면 지금이라도 하셔야 해요!

웃음은 최고의 명약일 뿐 아니라,

성공으로 향하는 지름길입니다.

잘 웃는 사람들은 일도 잘하지요.

저들은 긍정적인 마인드와

자주적인 태도를 보여주거든요.

그래서 사람들은

세상을 비관적으로 바라보는 이들보다는

즐겁게 사는 이들을 본능적으로 더 신뢰하는 거고요.

우리는 어떤 축에 드나요?

근심에 차서 이마를 잔뜩 찌푸리고

사무실을 우왕좌왕하나요?

당신의 얼굴에 미소가 떠오르도록 마법을 걸어보세요.

미소를 짓는다고 해서

당신을 바보 취급할 사람은 아무도 없습니다.

모두들 이렇게 생각할 거예요.

"멋진 사람이야, 저 사람이라면 잘할 거야."

건강을 생각하라.

감기에 걸렸다면 비타민C를 먹고 뜨거운 차를 한 잔 마신 다음

따뜻한 물병을 안고 침대에 누워라.

그리고 스스로에게 이렇게 말하라.

"내일이면 다시 괜찮아질 거야."

조앤 브랜스텐 서튼

겨울 내내

감기를 달고 사는 사람들이 점점 늘고 있습니다.

감기에 걸리면 어떻게 대처해야 할까요?

감기 바이러스를 빨리 떨쳐버리고 싶다면,

일단은 많이 마시는 것이 좋습니다.

뜨거운 허브차가 특히 좋고,

닭고기 수프를 먹거나 물을 많이 마시는 것도

효과가 있습니다.

가능한 한 산책도 많이 다니세요.

건조한 방안 공기는 해로우니까요.

의사들 말로는,

해수로 만든 비강 세척제로 코를 깨끗하게 해주는 것도

좋다고 하더군요.

부드러운 오일 냄새를 맡는 것도

치료에 큰 효과가 있다고 입증되었고요.

그 밖에 일본산 허브 오일은

항생작용을 하는 데다,

염증이 생긴 비강을

금세 시원하게 뚫어주는 효과가 있다고 합니다.

그렇지만 무엇보다 중요한 것은,

최소한 이틀 정도는 집에서 푹 쉬어야 한다는 것입니다.

내 안에 행복이 있다면

나를 둘러싼 주변에서도

행복을 찾을 수 있다.

앤 윌슨 섀프

밖이 어둡고 추워서 우울해진다면,
예쁜 화분들이 있는 꽃집에 들러보세요.
형형색색의 꽃들에 취해보는 거예요.
작은 꽃다발을 하나 만들어
스스로에게 선물도 해보고 말이죠.
어쩌면 거기서
창가에 놓을 만한 특별한 꽃을 발견할 수도 있겠네요.
그런 꽃이 있다면 얼른 사 들고 오세요.

몇 주 동안은 그 꽃에 눈길이 닿을 때마다
당신의 기분이 좋아질 테니까요.
헌신적으로, 정성을 다해 가꿔보는 거예요.
나중에 예쁜 화분에 옮겨 심을 요량으로
여러해살이 식물의 알뿌리를 사다 길러보는 것도
겨울을 나는 재미겠죠.
2월만 되어도 작은 싹이 흙을 뚫고 나오니까요.
자연은 언제나 '진행 중'인가 봅니다.
매해 겨울이 지나면
어느새 또다시 여름이 되는 걸 보면 말예요.

현재를 살고,

순간을 온전히 활용한다면

결코 지루함이나 우울함을 느끼지 못할 것이다.

카렌 케이시

할 일이 쌓여 있더라도,
두꺼운 양서를 한번 펼쳐보세요!
책을 읽으면 자신을 위한 귀중한 시간을
가질 수 있을 테니까요.
용기가 솟고 우울한 기분에서 해방될 거예요.
몇 년 전부터는 책을 통해 상처를 치유하는
'독서치료'라는 분야까지 생겼답니다.
예컨대 『말괄량이 삐삐』를 읽는 어린이들의 경우,

소설 속의 강인한 인물에 빠져들어
자기도 모르는 사이에 자신감이 생깁니다.
물론 어른들도 독서로 얻는 것이 있지요.
좋은 책을 집중해서 읽다보면
긴장이 완전히 풀리거든요.
그리고 자기 삶에 대한 새로운 시각을 얻게 되죠.
두려움을 버리고 확신을 가지려면
긍정적이고 강인한 성품의 주인공이 등장하는 책을
고르는 것이 중요합니다.
책 속의 주인공이 다름 아닌 내가 될 수 있으니까요!

다시 태어나도 그대를 사랑하리

-J. 포스터

다시 태어나도
그대를 사랑하고 싶은 것은
한 번이라도 나를 위해 울어준 사람이
바로 그대였기 때문입니다.

그대는 한 번도
그대 자신을 위해 울어본 적이 없는
그렇게도 강인한 사람이었지만
이렇게 연약한 나를 위하여
눈물을 보여주었습니다.

다시 태어나도

그대를 사랑하고 싶은 것은

이제 내가 그대를 위해

울어줄 차례이기 때문입니다.

마음에 감동한 편

외줄타기 곡예사가 있었다. 이 마을 저 마을을 떠돌아다니며 묘기를 보이던 곡예사는 점점 더 어려운 기술을 개발해야만 했다. 때문에 외줄의 높이는 점점 높아져 갔지만 곡예사는 한 번도 줄에서 떨어져본 일이 없었다.

그러던 어느날, 곡예사는 나이아가라 폭포 위에서 줄타기 시범을 보여달라는 제의를 받았다.

흔쾌히 그 제의를 수락한 곡예사는 수많은 사

람들이 지켜보는 가운데 외줄에 올라섰다. 그가 조심스럽게 한 발을 내딛자 사람들은 일제히 숨을 죽였다. 잘못하여 발이 어긋나면 곡예사는 천길만길 물속으로 빠질 수도 있는 위험천만한 순간이었던 것이다.

천천히 아주 천천히 걸어, 곡예사는 마침내 반대편에 무사히 도착하였다.

많은 사람들이 아낌없는 박수를 보내주었다.

그때 이마에 흐르는 땀을 닦던 곡예사가 소리쳤다.

"여러분, 저는 외줄을 타고 폭포를 건너왔습니다. 여러분은 제가 다시 건너편으로 갈 수 있으리라 믿으십니까?"

그러자 사람들은 믿는다는 뜻으로 다시 한 번 박수를 치기 시작했다.

곡예사는 잠시 무언가를 생각하더니 다시 물었다.

"고맙습니다, 저를 믿어주셔서. 그렇다면 여러분 중 저와 함께 저편으로 건너가실 분은 제 어깨 위에 타십시오."

 이번에는 아무도 나서지 않았다.

 서로의 얼굴을 살피며 눈치를 보는 사람들 가운데 누군가 손을 들고 나섰다. 작은 사내아이였다.

 곡예사는 소년에게 살짝 미소를 보냈다.

 이윽고 소년을 어깨에 태운 곡예사가 외줄을 건너기 시작했다. 흔들흔들 줄이 흔들릴 때마다 사람들의 가슴은 걱정으로 타들어갔다. 그러나 소년의 얼굴엔 두려움의 기색이라곤 전혀 없었다.

 줄타기는 다시금 성공을 거두었다.

 곡예사가 소년을 내려놓자 사람들이 앞다투어 소년의 용기를 칭찬해 주었다.

 "너 무섭지 않았니? 떨어지면 어쩌려고 그랬어?"

 소년은 방글방글 웃으며 말했다.

 "안 떨어질 줄 알았어요. 왜냐하면 저는 아빠를 믿거든요."

마음에 감동한 편

전기에 관한 연구로 세계를 놀라게 한 대과학자 벤자민 프랭클린은 동시에 대정치가이기도 했다. 그는 유럽과의 외교를 통해 미국의 독립전쟁을 승리로 이끈 숨은 주역이었다.

그의 외교 성공의 기반은 겸허하고 부드러운 인품이었는데, 다음의 일화가 그를 근직謹直하게 길러낸 것으로 알려져 있다.

한번은 젊은 프랭클린이 존경하는 선배를 찾아갔다가 쪽문에 머리를 아주 세게 부딪쳐 비틀거렸다. 그것을 본 선배가 비틀거리는 프랭클린을 붙잡으며 진지하게 충고해주었다.

"그렇게 세게 부딪쳤으니 물론 아프겠지. 하지만 그 아픔은 오늘 자네가 나를 방문해서 얻은 가장 큰 수확이라고 생각하게나. 별 탈 없이 이 세상을 살아가기 위해서는 언제나 머리를 숙여야 한다는 사실을 평생의 교훈으로 삼기 바라네."

프랭클린은 선배의 말을 가슴 깊이 새겨, 이후 학문 연구에서도 정치활동에서도 이 교훈을 잊지 않고 겸허한 성격을 만들어나갔다. 하지만 그 겸허함은 모든 일에 소극적으로 뒷걸음질치는 것에 있지 않고 '오늘 할 일을 내일로 미루지 말라!'는, 쉬워 보이지만 사실은 매우 어려운, 일상생활의 신조를 근직하게 쌓아나가는 일에 있었다. 바로 이러한 노력 덕분에 프랭클린은 역사적인 위업을 달성할 수 있었던 것이다.

Baltasar Gracián

일을 처리하는 방식에 변화를 주라. 인간은 늘 같은 방식으로 행동하지 않는다. 타인의, 특히 적수의 주의력을 혼동시키기 위해서 필요할 때마다 방식에 변화를 주는 것이다. 한 방향으로 일관되게 날아가는 새를 맞히는 것은 쉽지만 이리저리 방향을 바꾸며 날아가는 새를 맞히기는 쉽지 않다. 게임을 할 때 상대방이 예측하는 방향으로 말을 옮겨서는 안 된다. 상대방이 원하는 방향으로는 더더욱 옮기지 말아야 한다.

Baltasar Gracián

행복에도 규칙이 있다. 현명한 자에게 우연이란 존재하지 않는다. 행복에는 노력이 뒷받침되어야 한다. 행운의 여신의 신전 앞에 느긋하게 자리 잡고 문이 열리기만 기다리는 자들이 있는가 하면, 앞으로 나아가려 노력하며 가치와 용기라는 날개를 타고 현명하고도 대담하게 여신에게 다가가 기회를 얻으려는 자들도 있다. 후자가 더 뛰어난 자들이다. 그러나 철학적으로 심사숙고해보면, 결국에는 미덕과 통찰력이라는 길 외에 다른 길은 없다. 행복과 불행도 결국 현명함 혹은 멍청함에 의해 좌우되기 때문이다.

마음에 감동한 편

미국의 제30대 대통령 캘빈 쿨리지는 '과묵한 칼Silent Cal'이라는 애칭으로 불렸는데 이는 다음과 같은 이유 때문이었다.

청년 시절, 쿨리지가 해먼드라는 변호사의 사무소에서 일하고 있을 때의 일이다. 그 무렵 공화당에서 논문을 현상모집하고 있었는데 쿨리지는 남몰래 거기에 응모해 놀랍게도 일등에 당선되었다.

기사가 커다랗게 신문에 게재되어 있는 것을

본 해먼드는 그 영예의 수상자가 자신의 부하인 줄은 꿈에도 생각하지 못하고 장난 치듯 말했다.

"일등에 당선되어 금메달을 받은 쿨리지라는 사내가 설마 자네는 아니겠지?"

그러자 쿨리지는 얼굴이 빨개지더니 낮은 목소리로 대답했다.

"아뇨, 사실은 접니다."

"뭐라고? 이렇게 멋진 영예를 얻었으면서 자네는 왜 내게 그 사실을 말해주지 않았나?"

쿨리지는 더욱 부끄럽다는 듯 우물쭈물 대답했다.

"이런 일, 다른 사람에게는 그다지 흥미 있는 일이 아니라고 생각했기 때문에 입을 다물고 있었습니다."

Baltasar Gracián

행복과 명성. 전자처럼 가변적인 것도, 후자처럼 불변하는 것도 없다. 전자는 삶에 해당되는 것이요, 후자는 그 이후에 해당되는 것이다. 또 전자는 질투심에 대항하는 수단이고 후자는 망각에 대항하는 수단이다. 행복은 날 때부터 바라며 장려하는 것이고 명성은 획득하는 것이다. 명성을 얻고자 하는 바람은 가치관에서 비롯된다. 예나 지금이나 거물과 자매지간인 명성은 극단적인 자, 괴이한 자, 비범한 자, 혐오의 대상, 갈채의 대상 뒤를 늘 따라다닌다.

Baltasar Gracián

자연과 기술. 하나는 소재가 되고 하나는 작품이 된다. 어떤 아름다움도 가꾸지 않으면 영원히 지속되지 않고, 아무리 완벽한 것일지라도 기술에 의해 격상되지 않으면 야만적 상태로 타락하고 만다. 기술은 나쁜 점들을 보완하고 훌륭한 것들을 완성시킨다. 자연은 으레 우리가 최상의 것들을 얻으려는 찰나에 우리를 저버린다. 그럴 때 피난처가 될 수 있는 것이 바로 기술이다. 기술이 없다면 아무리 천연의 아름다움을 간직한 것일지라도 무지한 상태를 벗어나지 못하고, 아무리 완벽한 것일지라도 교육이 더해지지 않으면 반쪽짜리밖에 되지 않는다. 기술을 단련시키지 않은 자는 거친 상태에 놓인 것과 다름없다. 따라서 우리는 모든 면에서 완벽함을 연마해야 한다.

마음에 감동한 편

기원전 75년 7월의 어느 날 밤, 밝게 빛나는 달빛을 받아 거울처럼 잔잔한 지중해를 조용히 항해하던 배 한 척이 갑자기 해적의 습격을 받아 정박했다. 순식간에 배로 넘어온 해적들은 사람들의 뱃짐을 빼앗았을 뿐 아니라 떨고 있는 사람들을 하나하나 조사하여 몸값을 받을 수 있을 만한 사람들에게서 거액의 돈을 뜯어냈다. 마침 그 배에 타고 있던, 얼굴이 하얗고 키가 큰 사내가 조사를 받았다.

"너는 누구냐?"

"나를 모르겠는가? 평민당의 시저다. 곧 집정관이 되어 천하를 호령할 사람이니 잘 기억해두어라!"

"녀석, 풋내기 주제에 큰소리치기는."

해적 두목은 홀로 태연하게 있는 시저를 보고 조금 놀랐다.

"어디에 가는 거지?"

"로도스 섬에 계신 대웅변가 모론 선생님 밑에서 공부를 하기 위해 가는 길이다."

"흠, 조금은 제대로 된 녀석이군. 좋았어, 네 몸값은 이십 달란트로 해두겠네. 하인을 로마로 보내줄 테니 돈을 모아 가지고 오도록 해라. 그동안 네 몸은 내가 맡아두겠다."

"잠깐, 기다리게. 나는 승복할 수 없네."

"왜? 금액이 너무 비싸서 놀랐는가?"

"아닐세. 내 목숨이 단지 그 정도의 돈으로 거래되다

니, 그게 마음에 들지 않네!"

"뭐라고?"

"아무리 비싸게 쳐준다 해도 만족할 수는 없겠지만 지금 네가 말한 것의 두 배 반 정도라면 그걸로 참아주겠네. 하지만 그 몸값을 낸 뒤 내가 자유의 몸이 되면 너희들을 단 한 사람도 남김없이 잡아다 십자가형에 처할 테니 지금부터 단단히 각오를 해두게나."

"말은 잘도 하는군."

해적들은 이렇게 말했지만 시저의 대담함에는 혀를 내두르지 않을 수 없었다.

결국 몸값을 지불하고 석방된 시저는 바로 군대를 모아 해적들을 남김없이 잡아들여 처형함으로써 자신의 말을 실행에 옮겼다.

이렇게 살고 싶다

이렇게 살고 싶다
저녁이면 근처 동네시장에서 콩나물이며 쑥갓이며
바지락거리는 조개를 사들고 와
따뜻한 저녁을 짓고 싶다.

새벽이면
경동시장에 나가
모과며 유자며 철과일을 사들여
겨울 한철 끓여먹을 차도 만들고
폐휴지를 팔아 만든 조그만 푼돈으로는 분홍털실을 사
국민학교에 다니는 딸아이의 보조가방과
유치원에 다니는 아들아이의 코끼리 모자도 떠주고 싶다

결이 곱고 부드러운 천 한 마를 끊어다가
차 탁자 위에 깔 탁자보도 만들고
딸아이 마로니 인형의 앞지마도 만들어주고
정원에는 하얀 철제의자를 놓아
여름이면 오렌지쥬스를 마시며 월간잡지도 보고 싶다

봄 내내 봄내음을 안겨줄 개나리나무도 심어보고
아름다움의 으뜸이라는 장미덩쿨도 키워보고
마당 한구석 어디쯤
조그만 연못을 파
앙증맞은 금붕어랑 거북이도 키워보고 싶다

남편이 돌아오면 그의 어깨를 살며시 잡아

하루의 고단함을 함께 해주고

꿀에 인삼가루를 재어 만든

시원한 인삼차도 대접하고 싶다.

그가 저녁을 드는 동안

지난 여름 담근 매실주도 내어오고

생선 속살을 하얗게 발라주며

하루의 일과를 들려주고 싶다

아이들이 잠든 밤,

노란 스탠드 불빛 아래

월간지 부록으로 나온 가계부를 정리하며

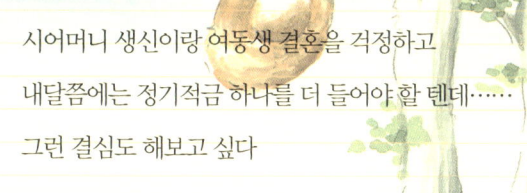

시어머니 생신이랑 여동생 결혼을 걱정하고
내달쯤에는 정기적금 하나를 더 들어야 할 텐데……
그런 결심도 해보고 싶다

시린 어깨 위에
하늘색 스웨터를 덮어주는 남편에게 가만히 미소지으며
'나 시집은 정말 잘 온 것 같아' 그렇게 속삭이고 싶다

그렇게 살고 싶다
이 세상에 단 한 사람
당신과 결혼하고 싶다

오늘 하루 최선을 다하고

가장 현명한 판단을 내리며

최고로 아름답게 사는 데 집중하라!

오늘을 잘 사는 것이 나은 내일을 위한 최상의 준비다.

해리엇 마르티노

아침에 잠에서 깰 때마다

몇 분 동안 느긋하게 있어보세요.

알람 시계가 울렸다면 잠시 침대에 그대로 누워

기분 좋게 기지개를 켜는 거예요.

그리고 오늘을 살게 된 것에 감사하고요.

침대 옆 탁자 위에다 사랑하는 사람의 사진이나

작은 꽃다발을 올려놓을 수도 있을 거예요.

아침에 눈뜨자마자

사랑과 기쁨의 감정을 깨워줄 그 어떤 것에

눈길이 닿을 수 있도록 말예요.

그리고 주방에서 커피나 차를 한 잔 즐깁니다.

당신이 기르는 고양이나 다른 애완동물에게도

먹이를 주세요.

창가에 놓인 꽃을 보고 물도 좀 주시고요.

그날 당신에게 힘이 될 만한 책을

한 페이지 정도 읽는 것도 좋겠죠.

원한다면 짧게 기도를 해도 되고요.

커피 잔을 들고,

햇살이 비치는 자리나 편안한 장소로 가세요.

집에 혹 작은 발코니나 정원이 있나요?

아니면 겨울에 눈길이 머무는 창가라도 있나요?

그곳에 앉아 정적을 즐기고

이른 아침 상쾌한 공기를 느껴보세요.

시간은 채 10분도 잡아먹지 않을 거예요.

인간의 본성 중 가장 비극적인 것은,

삶을 미루려는 경향이 있다는 점이다.

당장 오늘 자기 집 창 앞에 피어 있는 꽃들을 보며 즐거워하기는커녕,

저마다 지평선 너머에

마법의 장미 정원이 기다리고 있을 것이라고 꿈꾼다.

데일 카네기

즐거움은 어디에다 두고 왔나요?

때때로 우리는

일에만 파묻혀 사는 자신을 발견하곤 합니다.

코앞에 닥친 문제들을 일단 해결했다 싶으면

늘 해야 할 숙제들이 또 생겨나니까요.

이것이 됐다 싶으면 또 저것을 해야 하죠.

그 사이에 숨 돌릴 여유조차 없습니다.

휴가는 어떻게 된 거죠?

쉬는 주말은?

저녁에 영화 보러 갈 계획은요?

좋아하던 일은?

이 순간 우리를 즐겁게 하는 건 뭘까요?

지금 우리에게 필요한 것은

 '나'를 되찾을 수 있도록 쉬는 것입니다.

그런 여유를 만들어야 할 주체는 자기 자신이고요.

당신의 삶에 기쁨을 안겨주는 것은 무엇인가요?

저녁에 친구들과 만나는 것인가요?

이웃집 사람들을 도와주는 것인가요?

아니면 두 주 동안 휴가를 내는 것?

그런데 왜 안 하고 있는 거죠?

인간이 자신의 존재를 깨닫고

성장하며

삶의 방식을 만들어가는 곳이라면 어디든

치유의 힘을 발휘하는 장소들이 있다.

메리 시몬스

어느 집이건

치유의 힘을 발휘하는 장소들이 있습니다.

그런 곳은 거의 본능적으로 찾아낼 수 있지요.

예컨대

몸을 편안하게 뒤로 기대어 앉을 수 있는

등받이 의자가 놓인 집 안 한구석이나

집에 찾아오는 사람 누구나 앉을 수 있는

오래된 부엌 의자일 수도 있고,

꽃이 아름답게 피어 있는 창가일 수도 있겠지요.

그런 곳에 있으면

안식과 위로, 편안함을 얻습니다.

우리 선조들도 그 힘에 대해

직감적으로 알고 있었을 것입니다.

그래서 그곳에 성전과 교회를 지었던 것이고요.

이런 장소는 집 안에서도 충분히 발견할 수 있습니다.

예전에 유럽남부와 일본에서는

집 안에서 치유의 기운이 느껴지는 장소에

제단을 만들어놓기도 했죠.

집 안의 어느 곳에 있을 때 힘이 느껴지는지,

당신 역시 오래전부터 예감하고 있었을 것입니다.

종종 그곳을 찾아

책을 읽고 기도를 하고 생각에 잠기고 명상을 해보세요.

그곳은 책상이나 식탁을 놓기에도 좋습니다.

가능하다 싶은 일들을

그저 바라만 보는 것이 아니라,

필요한 일을 하는 것이

우리가 할 일이다.

토머스 칼라일

아침마다 커피를 마시면서
10분 정도 하루 일을 계획해보세요.
이렇게 조금씩 시간을 내서 계획을 짜두면
차후에 시간을 허비하지 않아도 될 테니까요.
우선 오늘 해야 할 일들을 번호를 매겨서 쭉 적습니다.
그런 다음 굳이 오늘 끝내지 않아도 될 일은
전부 지우세요.
물론 할 수도 있겠지만

그럴 필요가 없는 일도 많을 테니까요.

두 번째로 다른 사람에게 맡길 수 있는 일들은

화살표로 표시해둡니다.

항상 혼자서 다 하란 법은 없으니까요.

이제 숫자가 많이 줄어들었겠죠?

마지막으로 남아 있는 일들을

똑 부러지고 신속하게 처리할 수 있는 방법이

무엇인지 고민해보세요.

사전에 심사숙고하지 않고 성급하게 일을 시작했다가

오랫동안 그 일에 매달려야 할 때가 왕왕 있습니다.

더 쉽고 더 빠른 길을 두고 말이죠.

일을 많이 한다고 해서 좋은 게 아니라

현명하게 해야 옳은 거겠죠.

자연스러운 상태가

곧 건강한 상태이다.

버니 시겔

건강은 하늘에서 뚝 떨어지는 기적이 아닙니다.
치유란 신체가 매일같이 일구어내는
기적과도 같은 것입니다.
매순간 몸에서 상처가 치유되는 과정이
반복되고 있지요.
모든 사람은 끊임없이 체내의 균형을 유지시킴으로써
건강을 회복하는 자기치유력을 갖고 있습니다.
나침반이 항상 북쪽을 가리키듯이

우리 몸과 영혼의 힘은 모두

'건강'이라는 방향으로 향해 있습니다.

치유의 기적은 손가락이 베인 상처만 봐도

금세 알 수 있습니다.

손가락이 베였을 때 우리가 할 수 있는 일이라고는

고작 반창고 한 장 붙이는 일 정도입니다.

무슨 기교를 부려서

상처를 낫게 할 수는 없는 노릇이죠.

상처를 치유하는 주체는 우리 몸입니다.

우리가 할 수 있는 일은 그저

본래의 자연스러운 상태로 상처가 회복될 수 있게끔

푹 쉬고 잘 자고 비타민을 섭취해주면서

자기치유력에 도움을 주는 것뿐입니다.

어쨌든 한 가지는 믿어도 됩니다.

삶의 힘은 우리 자신 안에 있다는 것 말입니다.

그대와 함께 있을 때

-세리 카스텔로

나는 그대와 함께할 때의
내 모습이 좋아요
그것이 진정한 모습이라는
생각이 들어요

그대 사랑의 햇빛에 싸여서
한층 더 성숙해지고
한층 더 아름다워지는
나의 모습을
나의 모든 시간을
그대와 함께할 수는 없지만

그대와 함께 있을 때

나는 어느 누구와도

마음을 열고 만날 수 있는

보다 크고 따뜻한 모습이 되는 걸 느껴요

마음에 **감동**한 편

미국 뉴저지에서 통행세 징수원으로 일하는 스튜워트 포그는 늘 '어떻게 하면 다른 사람을 도울 수 있을까?' 하고 생각하는 사람이었다.

하루 종일 좁은 공간에서 어렵게 근무하는 포그였지만 그의 얼굴엔 늘 웃음이 떠나지 않았다.

어느 날, 포그는 자신이 쉽게 남을 도울 수 있는 방법을 발견했다.

25센트 동전을 넣어야 톨게이트를 통과할 수

있는 곳에서 한 운전자가 지갑을 집에 두고 나와 쩔쩔매고 있었던 것이다. 그 운전자의 자동차 뒤에는 많은 차들이 줄지어 기다리고 있어 진퇴양난의 상황이었다. 포그는 빙그레 웃으며 자신의 주머니에서 동전을 꺼내 어쩔 줄 모르고 당황하고 있는 운전자에게 25센트를 빌려주었다.

그 일이 있은 후 포그는 25센트짜리 동전을 많이 준비해두었다가 곤경에 빠진 운전자들을 구해주곤 했다. 나중에 돈을 갚으며 고맙다는 말을 전하는 사람들도 있었지만 그렇지 않은 사람들도 많았다. 그러나 포그는 전혀 신경 쓰지 않고 즐거운 마음으로 동전 빌려주는 일을 계속해나갔다.

그러던 어느 날, 한 신사가 톨게이트에 와서야 지갑을 두고 온 것을 알고는 당황해했다. 포그는 신사에게 준비해두었던 동전을 재빨리 건네주었다. 신사는 무사히 톨게이트를 통과할 수 있었다.

며칠 후, 포그는 엘리자베스 은행 부사장으로부터 한 통의 편지를 받았다. 내용은 25센트를 대신 내주어 감사했다는 인사와 함께 은행의 금전출납계원으로 포그를 채용하고 싶다는 것이었다.

포그는 사양했지만 부사장의 끈질긴 설득에 그만 승낙하고 말았다.

그 후 포그는 친절하고 남을 돕기로 정평이 자자한 엘리자베스 은행에 근무하며 남을 도울 줄 아는 훌륭한 출납계원으로서 즐거운 하루하루를 보내게 되었다.

마음에 감동한 편

 미켈란젤로가 대리석상을 조각하고 있는 아틀리에에 한 친구가 놀러 와 완성 직전에 있는 작품을 감상하고는 돌아갔다. 그로부터 2개월 후, 그 친구는 다시 놀러 왔다가 경악했다. 미켈란젤로는 여전히 열심히 일하고 있었는데 정작 그의 조각상은 예전과 거의 달라진 것이 없었기 때문이다. 친구가 말했다.

 "뭐야? 자네 두 달 동안 게으름을 피운 젠가?"

 "게으름을 피우다니? 나는 두 달 동안 이 작업

에만 매달려 있었다네."

미켈란젤로가 피곤에 지친 얼굴로 말을 이었다.

"저쪽에 손을 새기고, 이쪽은 다시 갈았으며, 이 부근의 얼굴 표정을 조금 부드럽게 하고, 또 이 부분의 근육을 탄력 있게 만들었다네. 그런데 아무리 해도 마음에 들지 않아. 그래서 입술 주위를 조금더 부드럽게 하고 이 다리가 더욱 힘차 보이도록 할 생각이네."

친구가 비웃듯 말했다.

"하지만 자네, 시간을 너무 끄는 것은 아닌가? 그렇게 사소한 것들에 집착해서 일을 진행시키지 못한다면 절대로 대작을 만들 수 없을 걸세."

그러자 미켈란젤로는 굳은 표정으로 대답했다.

"그럴지도 모르지. 하지만 나는 아무리 작은 것이라도 제대로 만들고 싶다네. 그리고 대작이란 세심한 주의를 기울이고 불굴의 노력을 해야만 비로소 완성되는 것이라고 굳게 믿고 있다네."

Baltasar Gracián

어떤 일에서도 평범함을 피하라. 첫째, 취향에서 평범함을 피하라. 위대한 현자는 자신의 말에 수많은 대중이 흡족해하는 것을 보고 참담해하였도다! 지각 있는 자는 대중들의 평범한 박수에 만족하지 않는다. 그러나 대중의 반응에 좌우되는 카멜레온 같은 자들은 아폴로의 부드러운 입김 속에서가 아니라 수많은 대중들의 숨소리에서 기쁨을 느낀다. 둘째, 지성에서 평범함을 피하라. 대중의 감탄 속에서 즐거움을 찾아서는 안 된다. 그들의 무지함은 우리를 그 감탄에서 헤어나지 못하게 만들 뿐이다. 우둔한 대중들은 탄성을 지르는 반면, 몇몇 지성인들은 그 속에서 거짓을 발견한다.

Baltasar Gracián

평판이 나쁜 직업을 택하지 마라. 존경심은커녕 멸시만 받게 되는 기괴한 직업은 더더욱 피해야 한다. 지혜로운 자들이 외면하는 것들만 갈구하고 그런 이상한 것들 속에서 만족을 느끼는, 독특한 취향을 지닌 자들이 있다. 그들은 유명세를 탈 수는 있지만 아무래도 존경보다는 조롱의 대상이 되기 쉽다. 신중한 자들은 지혜를 전달하는 직업에 종사하더라도 두드러지는 행동을 하지 않고, 그 가르침을 추종하는 자들을 조롱거리로 만드는 행위는 더더욱 하지 않는다.

마음에 감동한 편

나치스의 박해로 조국 독일에서 도망쳐 미국으로 망명 귀화했던 아인슈타인 박사는 '상대성이론'을 확립함으로써 세계에서 모르는 사람이 없을 정도로 유명한 근대물리학의 대가가 되었다.

그는 인품이 매우 온화한 학자였다.

한번은 이런 질문을 받은 적이 있었다.

"선생님께서 '상대성이론'을 발견하신 것은 지붕을 덮는 사람이 지붕에서 떨어지는 것을 보고 떠올리신 것이라고 하던데요?"

그러자 아인슈타인은 보기 드물게 굳은 표정을 지으며 "당치도 않은 말씀입니다" 하고 딱 자른 뒤 엄격한 어조로 말을 이었다.

"사람들은 뉴턴이 사과가 떨어지는 것을 보고 인력을 발견했다고 말하지만, 눈으로 사물을 보기만 해서는 아무것도 발견할 수 없습니다. 마음속으로 인력이라는 것이 있어야만 한다고 생각하고 실험을 하던 차에 우연히 떨어진 사과에서 일종의 영감을 얻은 것입니다. 제 경우도 마찬가집니다. 모든 대발견은 결코 한순간에 문득 떠오르는 것이 아니라 뼈를 깎는 듯한 고통으로 노력하는 사람에게 영감으로 주어지는 법입니다. 그저 떠오르는 생각만으로 이룰 수 있는 일은 세상에 아무것도 없습니다. 만약 존재한다면 그것은 변변한 것이 아닐 것입니다."

Baltasar Gracián

물러설 줄 아는 사람이 되라. 거절할 수 있는 사람이 되는 것이 인생 최대의 원칙이라면, 그보다 더 중요한 것은 일에 대해서건 사람에 대해서건 물러설 줄 알아야 한다는 사실이다. 값진 시간만 좀먹는 쓸데없는 일들이 분명 존재한다. 부당한 일을 하는 것은 아무것도 하지 않는 행위보다 더 나쁘다. 신중한 자들은 자신들이 남의 일에 주제넘게 참견하지 않는 것만으로 만족하지 않는다. 그들은 남들도 자신들의 일에 간섭하지 않을 것을 요구한다. 그러니 자기 일이 아닌 일에 무작정 끼어들지 말아야 한다. 나아가 자신의 이익을 위해 친구들을 이용해서도 안 되고, 상대방이 바라는 것 이상의 것을 요구해서도 안 된다. 정도가 지나쳐서 득이 되는 경우는 전혀 없다. 특히 사람 사귐에서는 더더욱 그러하다.

Baltasar Gracián

심사숙고하라. 특히 가장 중요한 문제가 무엇인지를 깊이 생각하라. 멍청한 자들은 생각을 하지 않기 때문에 멸망한다. 그들은 실체의 절반도 채 파악하지 못한다. 그들은 자신에게 돌아올 피해나 이익도 생각해보지 않을 만큼 아무런 노력도 기울이지 않고 사소한 일에는 큰 가치를, 중요한 일에는 사소한 가치를 부여하는 등 매사를 거꾸로 판단한다. 사람마다 차이는 있겠지만 현명한 자들은 대개 매사에 심사숙고한다. 그들은 어떤 일을 해야 할 근거, 혹은 하지 말아야 할 근거를 찾아야 할 때일수록 깊이 생각하고, 때로는 어떤 일 속에 자신이 생각하는 것보다 훨씬 더 많은 의미가 포함되어 있을 것이라 의심한다. 지혜로운 자는 이런 식으로 멀리 생각하고, 먼 미래를 근심한다.

마음에 **감동**한 편

아메리카를 발견한 콜럼버스가 자신의 탐험을 도와준 에스파냐로 돌아오자 이사벨 여왕을 비롯한 조야의 모든 사람들이 성대한 환영회를 열어주었다.

그 자리에는 콜럼버스의 성공을 질투하여 서쪽으로 계속 항해하면 누구나 신대륙을 발견할 수 있다고 험담하는 사람들이 있었다. 이에 대해 콜럼버스는 계란 끝을 조금 깨뜨려 탁자 위에 세우고, 무엇이든 일단 알아내기만 하면 그 뒤부터는 그리 대단할 것도 없는 일처럼 여겨진다는 사실을 보여주었다.

 그 후 콜럼버스는 네 번 대서양을 항해했는데, 네 번째에는 함께 출항했던 네 척의 배 중 두 척이 가라앉았다. 게다가 자메이카 사람들이 먹을 것을 나눠주지 않아서 매우 비참한 상황에 처하게 되었는데 그렇다고 해도 그대로 버리고 갈 수는 없었다.

 그때 문득 좋은 생각이 떠오른 콜럼버스는 바로 추장들을 불러모았다.

 "잘 들으시오. 섬사람들이 외국인에게 불친절하기 때문에 신이 노하셔서 앞으로는 이 섬에 달빛을 주시지 않으실 거라 말씀하셨소."

 천문학에 정통한 콜럼버스는 마침 그날 월식이 일어난다는 사실을 알고 시간에 맞춰서 추장들을 불러모았던 것이다.

 달이 점점 새카맣게 변해 주위가 어둠에 잠겨버리자 추장들은 두려움에 떨며 콜럼버스에게 애원했다.

"필요한 것은 무엇이든 드릴 테니 살려주십시오."

콜럼버스는 한동안 망설이는 표정을 보이다가 열심히 기도를 올렸다.

"신께서 소원을 들어주셨다!"

그러자 달은 다시 은빛으로 빛나기 시작했다.

이후 추장들은 콜럼버스를 신의 아들로 받들어 그가 하는 어떠한 말이든 다 들어주었다고 한다.

우리는 누군가에게 소중한 사람입니다

-카렌 케이시

누군가가 우리에게

고개를 한 번 끄덕여주는 것만으로도

우리는 미소 지을 수 있고

또 언젠가 실패했던 일에

다시 도전해볼 수도 있는 용기를 얻게 되듯이

소중한 누군가가

우리 마음 한구석에 자리잡고 있을 때

우리는 그 어느 때보다

밝게 빛나며

활기를 띠고

자신의 일을 쉽게 성취해나갈 수 있습니다

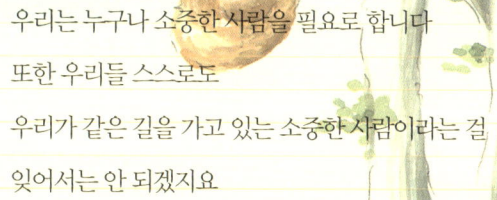

우리는 누구나 소중한 사람을 필요로 합니다
또한 우리들 스스로도
우리가 같은 길을 가고 있는 소중한 사람이라는 걸
잊어서는 안 되겠지요

우리가 누군가에게
소중한 사람이라는 걸 알고 있을 때
어떤 일에서든
두려움을 극복해낼 수 있듯이
어느 날 갑작스레 찾아든 외로움은
우리가 누군가의 사랑을 느낄 때 사라지게 됩니다

나는 내가 좋으려고 여행을 한다.

그래서 구석진 곳, 조용한 곳에 머무는 것이 더 좋다.

사람들로 북적대는 휴양지의 해변에 누워 있는 것이나

사람들로 북적대는 파티에 가는 것은

건강에 도움이 되지 않는다.

엘리자 레슬리

가능한 한 편안한 여행을 계획해보세요.

어디론가 가는 것, 다른 곳을 알 수 있다는 것은

일종의 사치입니다.

되도록 가볍게 여행을 떠나면서 그 사치를 누려보세요.

여행 자체가 쉼이 될 수 있을 거예요.

도로 위에서 길고 피곤한 여행을 하는 것보다

훨씬 건강한 대안들이 있습니다.

기차나 비행기로 여행을 하면,

오가는 시간이 절약되는 것은 차치하고서라도
놀랄 만큼 저렴한 가격의 매력적인 패키지 상품들을
고를 수 있을 거예요.
휴가를 시작할 때와 마칠 때,
꽉 막히는 도로에서 몇 시간씩 보내는 것을
통과의례처럼 여기는 사람들이 많습니다.
이들에게는
오로지 가고자 하는 목적지만이 중요한 거죠.
그런 통과의례를 뜯어고쳐 보세요!
목적지를 향하는 길부터가 이미 여행의 시작이며,
일상에서 한 발짝 나온 것을 뜻하니까요.
휴가는 한 해의 가장 아름다운 시간이잖아요.
그 시간을 즐겨야죠!

힘든 시간을 보내고 있을지라도,

하는 일마다 의도했던 것과 어긋났으며

그런 상황을 한순간도 더는 참을 수 없을 것이라는

생각이 든다 할지라도, 포기하지 마라!

그때가 바로 모든 것이 변할 순간이다.

해리엇 비처 스토우

누구나 마음속에

'약한 나'와 '강한 나'가 공존하고 있습니다.

'약한 나'는 두려워하면서

'난 결코 할 수 없을 거야'라고 말하죠.

어떤 것에도 만족을 느끼지 못하고 늘 자책을 합니다.

반면, '강한 나'는 계획한 것을

모두 해낼 수 있으리라는 것을 알고 있습니다.

침착하고 용감하며, 새로운 일을 감행할 욕심도 있고요.

만약 당신이 겁이 많고 배짱 또한 없다고 느낀다면,
내면에 있는 '강한 나'를 찾아보세요.
'강한 나'는 늘 있어왔습니다.
철저하게 좌절을 체험했던 때조차도요.
당신은 '강한 나'와 함께
전부터 힘겨운 싸움을 이겨냈을 거예요.
잘나갈 때에 그것은
본래 당신의 모습처럼 편히 쉬고 있죠.
그러다가도 당신이 필요로 할 때면 함께해줄 거예요.
'강한 나'는
당신이 "자, 가보자! 싸워보는 거야!"라고 말할 때까지
기다리지 않습니다.

가장 아름다운 꽃은

어두운 숲에서 자란다.

메리 존스

오늘 일진이 어땠는지는 상관없어요.
당신의 인생에서 가장 강한 힘은
운명이 아니라 당신 자신입니다.
만약 정말 일진이 안 좋다든지, 혹 그런 상태가
벌써 몇 달째 아니 몇 년째 이어지고 있다면
믿기 어려울 테지만, 어쨌든 맞는 말인걸요.
인생이란 당신이 뒤쫓아 가는 게 아니라
이끌어가는 거니까요.

당신은 여태껏 생각했던 것보다도 훨씬 더 많은 것을
할 수 있어요.
사람들은 모두
마음 깊숙한 곳에 힘과 용기를 가지고 있습니다.
그런데도 일이 안 풀릴 때는
그 사실을 감쪽같이 잊어버리고 불안에 떨곤 합니다.
불평을 터뜨리고 화도 내보세요.
반대도 하고 투쟁도 해보는 거예요.
그 순간에는 못 느낄지 몰라도
당신의 내면 깊숙한 곳에는 힘이 있답니다.
싸워서 이겨내야 할 상황이 무엇이든 간에
포기하지 마세요.
다시 살아지게 마련이니까요.
겨울 뒤에 봄이 오듯 그렇게 말이지요.
그걸 믿으세요.

현재

지극히 당연하다고 여기는 것도

예전에는 기적이었다.

마야 안젤루

당신 사전에서 '할 수 없어'라는 말을 지워버리세요.
대신 '할 수 없어' 내지는 '못할 거야'라는 생각이
고개를 드는 상황에 처할 때마다,
머릿속에서 곧장 말을 바꿔 이렇게 중얼거리는 거예요.
"난 할 수 있어!"라고.
쪽지에다가 '못할 게 뭐 있어!'라고 적어서
눈에 잘 띄는 곳에 붙여놓아 보세요.
그러고는 두려움에 다리가 후들후들 떨릴지라도

용감하게 앞으로 나아가는 거예요.

그러면 이내, 처음에는 결단코 불가능하게 보였던

많은 일들을 해내고 있는 자신을 발견하게 될 겁니다.

한계는 대부분 우리 머릿속에만 존재합니다.

세상은 끊임없이 변합니다.

우리 자신의 삶도 그렇고요.

어제는 시도해보려고도 하지 않았던 일들을

오늘 해내고 있으니까요.

차근차근 단계를 나누어 하다보면

어떠한 큰일도 해낼 수 있다.

헨리 포드

큰 계획이라도 작은 단계로 나누어 하다보면

좀더 효과적으로 실천에 옮길 수 있습니다.

목표를 직시할 뿐 아니라 한결 안정감을 찾을 테고요.

불도저식으로 일을 맡자마자 밀어붙여서

결국 심각할 정도로 몸이 아파 앓아눕는 건

바람직하지 않겠죠?

일단 시간표를 한번 만들어보세요.

향후 몇 달 안에 꼭 해결을 봐야 할 일이 있다면

그 해결책이 무엇인지 곰곰이 생각해보고요.

미리미리 다른 사람들에게

되도록 많은 일을 분배하는 것이 좋습니다.

그래야 숨통이 트일 테니까요.

그리고 사전에 쉴 시간을 정해두세요.

쉬는 날을 끼워넣는 거죠.

이사를 하거나 시험을 치는 동안에도

중간 중간에 몸의 긴장을 풀고

쉬어야 할 때가 있을 테니까요.

그렇게 모든 일이 다 깔끔하게 정리된 다음,

몇 달 동안은 당신이 세운 시간표에

가능한 한 맞춰서 생활해보세요.

단계별로 한 걸음 한 걸음씩 일을 진행시키는 거지요.

너무 큰 목표에만 집착하지 마세요.

위대한 업적은 그렇게 조금씩 조금씩

당신의 손을 거쳐 이루어질 수 있을 것입니다.

내 안에 살고 있는 그대에게

-J. 피터

사랑하는 그대여
이른 새벽녘 눈을 뜨면
가장 먼저 그대가 떠오릅니다
그대는 태양보다도 먼저 내 마음속에 떠올라
햇살보다도 더 먼저
내 마음을 환히 비춰줍니다

오늘 나는
그대만이 내 생애의 전부임을 느낍니다

오후 내내 지루한 시간들은
그리움이 있어 더욱 길게 느껴지지만

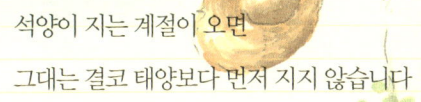

석양이 지는 계절이 오면

그대는 결코 태양보다 먼저 지지 않습니다

그대는 태양보다 더 먼저

내 마음속에 떠오르는 존재

그러나 태양보다 더 오랫동안

내 마음속에서 머물다 가는 존재입니다

내 생의 전부를 다 내어주어도

세상을 밝히는 저 태양과도

그대를 바꿀 수는 없습니다

그대는 내 안에 살고 있는 존재입니다

마음에 감동한 편

눈 덮인 히말라야 산맥의 산골 마을에 낯선 아가씨 한 명이 나타났다. 아리따운 아가씨의 눈망울엔 근심이 가득 서려 있었다.

아가씨는 마을 어귀의 강가로 가더니 오래도록 흐르는 물을 쳐다보았다.

그날 이후 아가씨는 그 마을에 머물렀다.

다음날 이른 새벽, 양을 치러 나가던 어린 목동이 강가에 앉아 있는 아가씨를 보았다. 아가씨는 마치 무엇을 기다리는 듯 계속 그 자리를 지키고 있었다. 뉘엿뉘엿 넘어가는 해를 등지고 목동이 양을 몰고 나타났을 때에도 아가씨는 여전히 그 자리에 있었다.

마을 사람들은 그녀가 어디서 왔는지 무엇을 기다리는지 전혀 알지 못했다.

하루 이틀 사흘이 지나고 봄 여름 가을 겨울이 몇 번씩 그녀의 곁을 스쳐갔다.

아가씨의 머리에도 어느덧 하얀 세월의 눈이 내렸고 얼굴에는 주름이 잡혀갔다. 어느덧 할머니가 된 아가씨는 그때까지도 변함없이 그 강가를 떠날 줄 몰랐다.

그러던 어느 봄날, 강물의 위쪽에서 무언가 둥실둥실 떠내려왔다. 놀랍게도 한 젊은이의 시체였다.

할머니가 된 아가씨는 벌떡 일어나 강 위쪽으로 뛰어가 그 젊은이를 끌어안고 눈물을 흘리며 입을 맞추었다. 그녀의 입가에는 오랜만에 엷은 미소가 감돌았고 그녀의 눈은 기쁨으로 빛났다.

의아한 눈길로 쳐다보는 마을 사람들에게 그녀는 울먹이며 입을 열었다.

"이 청년은 제 약혼자랍니다. 수십 년 전 히말라야에 올라갔다가 행방불명이 되었지요. 저는 지금까지 이 사람을 기다렸습니다."

그녀는 히말라야 산맥 어디쯤에서 눈 속에 파묻힌 약혼자가 눈이 조금씩 녹으면서 강가로 흘러내려올 것이라 굳게 믿고 있었던 것이다.

할머니가 되어 버린 그녀는 떠날 때 모습 그대로인 청년을 오래도록 껴안고 있었다.

마음에 감동한 편

노벨상은 수많은 상 중에서도 세계적으로 가장 권위 있는 상으로, 잘 알려진 바와 같이 스웨덴의 발명가 알프레드 노벨에 의해 제정되었다.

노벨은 니트로글리세린을 폭발약으로 이용하는 것에 대한 특허를 얻어 그 제조를 위한 공장을 세웠다.

하지만 니트로글리세린의 화학적 성질은 매우 불안정한 것이었기 때문에 노벨이 가장 두려워하던 폭발사고가 공장 안에서 종종 일어나 하는 수 없이 공장을 폐쇄해야 했다. 그러나 낙담한 그가 공장 인부들이 공장을 정리하려고 통을 옮기는 것을 보았을 때, 그 통에서 니트로글리세린이 새나와 흙 속으로 스며드는 것을 보고는 갑자기 뛸 듯이 기뻐하며 큰 소리로 외쳤다.

"잠깐, 공장 폐쇄는 중지다!"

바로 실험을 해보았더니 그가 생각한 대로였다.

노벨은 이 위험한 액체를 고체인 규조토에 스며들게 함으로써 안전한 폭약을 얻는 데 성공했다. 그리고 여기에 '다이너마이트'라는 이름을 붙이고 거기서 모은 막대한 재산을 들여 노벨상을 탄생시켰다.

Baltasar Gracián

교활함을 이용은 하되 악용하지는 마라. 다른 사람의 교활함에 빠져서는 안 된다. 자신의 교활함을 알려서는 더더욱 안 된다. 모든 위장술은 잘 감출 때 진가를 발휘한다. 그렇지 않으면 의심을 살 뿐이다. 예방 차원에서 어떤 조치를 단행할 때에는 더더욱 잘 감춰야 한다. 그렇지 않으면 미움만 돌아오기 때문이다. 세상에는 사기가 만연해 있다. 그러니 두 배로 더 의심할 일이다. 하지만 표 나게 의심해서는 안 된다. 그럴 경우, 불신을 사고, 남에게 상처를 입히며, 복수심을 일깨우고, 지금까지 그 누구도 상상하지 못했던 악감정을 일으킬 수 있기 때문이다.

올바른 것을 선택할 줄 알라. 인생의 대부분이 거기에 좌우된다. 올바른 선택을 하려면 고결한 취향과 올바른 판단력을 지녀야 한다. 지식이나 이성만으로는 충분치 않다. 그렇다고 아무것도 선택하지 않으면 완전해질 수 없다. 올바른 선택을 하는 것만이 최선이다. 풍부한 지식과 재치, 날카로운 오성, 학식, 신중함을 지닌 자들 중에서도 선택적 상황에 처하면 속수무책이 되고 마는 이들이 많다. 그들은 오류를 범하기로 작정이라도 한 것처럼 오히려 최악의 것을 선택한다. 따라서 여러 가지 위대한 재능 중에서도 올바른 것을 선택할 수 있는 재능이야말로 최상이라 할 수 있다.

마음에 감동한 편

드가는 치밀한 사실주의를 추구하여 19세기 프랑스 화단에 독자적인 세계를 열었던 화가다. 젊은 시절, 화려한 복장을 하고 파리의 경마장에 자주 모습을 드러내거나, 매일같이 오페라를 보러 다니며 악실에 출입하였기에 한편으로는 경박한 한량처럼 보이기도 했다. 그러나 사실은 그렇지 않았다.

드가는 오페라의 무희나 달리는 말처럼 분주하게 움직이는 것들의 순간적인 모습에서 화가로서의 흥미를 느꼈는데, 그런 것들에서 여러 가지 모티브를 얻을 수 있었기 때문이다.

그는 특히 경주마를 즐겨 그렸는데 이전의 화가나 조각가들처럼 달리는 말의 모습을 상상으로 제작한 것에 만족하지 않고 말이 지나는 순간 40대의 카메라 셔터가 자동으로 터지도록 설치해놓았다. 그리고 그 순간 말의 정확한 움직임을 기계의 힘으로 확인하였다.

그 결과 그는 기존에 있던 달리는 말의 모습을 바로잡고 화폭에 생생하고 새로운 박진감을 불어넣을 수 있게 되었다.

Baltasar Gracián

지식과 용기가 위대함을 구축한다. 지식과 용기 속에 담긴 고유한 특성은 그 둘을 지닌 자에게 불멸성을 안겨준다. 본디 사람은 자신이 아는 만큼의 가치를 지니고, 현명한 자는 모든 것을 해낼 수 있다. 지식이 없는 인간은 빛이 없는 세상과 같으며 지혜와 강인함은 두 눈, 그리고 양손과 같다. 그러나 용기가 없는 지식은 결실을 맺지 못한다.

Baltasar Gracián

지성이 오랫동안 심사숙고한 것을 행동력은 순식간에 실천에 옮긴다. 그러나 성급한 행동은 바보들이나 하는 짓이다. 그들은 문제의 핵심이 무엇인지 모르기 때문에 세심한 주의를 기울이지 않은 채 일에 뛰어든다. 반면, 현명한 자들은 너무 오래 주저하는 실수를 저지른다. 상황을 예측하고 미리 대비책을 마련하려는 것이겠지만 행동력이 부족하면 올바른 판단이라는 열매를 거둘 수 없다. 민첩한 행동은 행복의 어머니다. 그러나 오늘 할 일을 내일로 미루지 않는 것만으로도 이미 많은 일을 한 것이다. 급할수록 둘러 가라는 말은 황제들도 즐겨 외치던 말이다.

마음에 감동한 편

단가하이쿠, 일본의 단형시 시인으로도 명성이 높았던 오와리의 이노우에 시로는 당시 전국에 이름을 떨치고 있던 명의였다. 기골이 장대하고 수많은 기행을 펼쳐 흥미로운 일화가 많이 전해지는데 그중에 다음과 같은 것이 있다.

한번은 겐추지建中寺의 화상이 중병에 걸려 그를 고치려고 애쓴 수많은 의사들도 이미 포기를 한 상태였는데, 마지막으로 시로의 치료가 효험을 보여 화상은 완치되었다.

겐추지는 오와리가에서 대대로 전해오는 사당이 있는 그 지방 최대의 사찰로 상당한 세력을 지니고 있었다.

화상은 매우 기뻐하며 막대한 사례를 시로에게 주었는데 그는 거절하며 말했다.

"이건 너무 많습니다."

사례하려고 심부름을 왔던 사람은 난색을 지으며 돌아갔다가 곧바로 다시 찾아와 말했다.

"화상은 건네주고 오라며 받으려들지 않으십니다. 제가 난처해졌습니다. 저를 도와주신다 생각하고 받아주십시오."

가만히 생각하던 시로가 물었다.

"그렇다면 이 액수를 사람들에게 알려도 괜찮습니까?"

"그건 뜻대로 하십시오."

특별히 비밀로 할 필요도 없었기에 심부름꾼은 이렇

게 말하고 돌아갔다.

그러자 시로는 곧 집 앞에 방을 써붙였다.

"이번에 겐추지로부터 ○○만큼의 사례를 받았는데 너무 많아서 내가 갖고 싶지 않다. 세상에는 궁핍한 사람들이 많으니 이것의 전부를 쌀로 바꿔 베풀고 싶다. 쌀을 받고 싶은 사람은 ○○일 ○○시까지 오기 바란다."

그날이 되자 문 앞에는 수많은 사람들이 몰려들었으며 시로 자신도 사람들 사이에 섞여서 쌀을 나누어주었다고 한다.

그대를 사랑하기에 나는 오늘도 행복합니다

-K. 리들리

오늘도 난

그대를 사랑하고 있다는 것만으로 참 행복합니다.

내 마음에서 사랑이 식지 않고

시간이 갈수록 더 뜨겁게 타오르는 것은

오직 그대가 있기에 가능한 일입니다.

힘겨운 짐을 지고 외로이 길을 떠나는 인생일지라도

그대를 사랑하는 마음 지속된다면

나는 늘 행복할 것입니다.

홀로 걷는 인생이 되어 아주 먼 길을 간다 해도,

흰머리 휘날리며

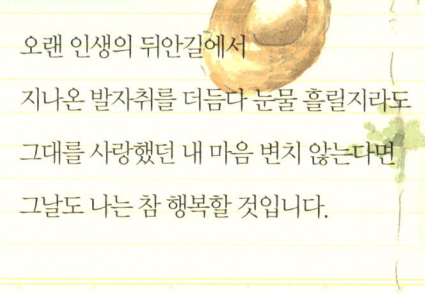

오랜 인생의 뒤안길에서
지나온 발자취를 더듬다 눈물 흘릴지라도
그대를 사랑했던 내 마음 변치 않는다면
그날도 나는 참 행복할 것입니다.

인생이란 허무한 것이고
허무하다 못해
때로는 절망이 눈덩이처럼 커지기도 하지만
내가 그대를 사랑하고
그대가 내 사랑을 받아줄 수 있다면
그것으로 내 인생은 참 행복할 것입니다.

상상력은, 당신이 그것을 제대로 사용하기만 한다면 축복이다.

자신을 보다 행복하고, 생기 있고, 열정적이라 여길 것이다.

건강도 좋아질뿐더러,

심지어 의기소침해하거나 지루해하는 낌새도 사라질 것이다.

브렌다 유랜드

하루저녁 동안 할 일이 아무것도 없다고

상상해보세요.

TV도, 라디오도 끄고

전화도, 컴퓨터도 안 하는 거예요.

할 일도 없고

아이들을 재울 필요도 없고

주방을 치워야 할 일도 없는 거죠.

만약 그렇다면 무엇을 할 것 같나요?

예쁜 편지지에 편지를 쓸 건가요?

낡은 화구 상자를 꺼내볼 건가요?

혹, 피아노 뚜껑을 열고

낯익은 곡들을 연주해볼 건가요?

저번 휴가 때 찍은 사진들을 정리해서

예쁜 앨범에 붙여놓을 건가요?

무엇이든 당신이 할 수 있는 것을 찾아보세요.

생각보다 훨씬 많을 거예요.

'내 삶의 최고의 때다' 라는 느낌이 들 때가

건강한 때다.

프랭클린 애덤스

시간은 지극히 소중한 것입니다.

그러나 우리는 이렇게 소중한 시간을

낭비하는 때가 많습니다!

자신의 시간을 가장 많이 뺏는 것이 무엇인지

생각해보세요.

아마 전화일 거예요.

통화를 용건만 간단히 하고 끝내는 것도 배워야 해요.

또 다른 하나는 TV입니다.

보고 싶은 프로그램을 의식적으로 골라서 보고,

그 다음 프로그램이 나올 때는 곧바로 꺼버리세요.

방구석에 아직 읽지 못한 잡지들이

무더기로 쌓여 있나요?

큰맘 먹고 몽땅 버려버리세요.

날 믿어봐요.

안 버리고 보관하더라도 앞으로 절대 안 볼 것들이에요.

잡지란 것은 매번 신간이 나오기 때문이죠.

우리는 지금,

정보가 과잉 제공되는 세상에 살고 있습니다.

과다한 정보의 노예가 되진 마세요.

재미있을 법한 내용이라도

그걸 하나하나 다 읽어야 할 필요는 없어요.

잡동사니들은 버려야죠!

시간은 삶이 우리에게 준 선물입니다.

소중하게 생각하고 의식 있게 사용하자고요.

몸은
거짓말하지 않는다.
마사 그레이엄

자세는 당신에 대해 무엇을 이야기해주고 있나요?
그리고 다른 사람들에게 어떤 영향을 미치나요?
자세가 좋으면
안정감과 자신감이 뿜어져 나옵니다.
다른 사람들이 우리에게 받는 인상은,
우리 자신이 인식하는 것과는 사뭇 다를 때가 많습니다.
그러니 몸을 똑바로 펴세요!
진짜 키가 얼마나 되는지 보여주는 거예요.

어깨를 뒤로 젖히고 척추를 쭉 펴면,
금세 기분이 나아지고
몸이 단단해진 느낌이 들 거예요.
만약 다음에 중요한 회의가 있다면,
그 전에 의식적으로 몸을 꼿꼿하게 펴세요.
이런 자세는 당신에게 자신감을 듬뿍 전해줄 것입니다.
우리의 할머니 세대 때에도
이미 자세를 바르게 하려면
어떻게 해야 하는지를 잘 알고 있었습니다.
'고개를 들고 가슴은 펴고 배는 집어넣어라!'라고 했죠.
당신도 이것을 명심하세요.

움직여라!

움직이지 않으면 건강도 없다.

브릴리아나 할리

몸을 움직이고 활동적인 생활을 하면 즐겁습니다.

그렇다고 무조건

기록을 위한 스포츠만을 할 필요는 없지요.

일상생활 속에서 몸을 움직이게 하는 것이라면

무엇이든 간에 끈기를 길러주고

건강을 지켜줄 테니까요.

30분 동안 자전거를 탈 수도 있고

볕이 들 때 밖에다 빨래를 널거나

집 안을 청소하고

정원 일을 하고

계단을 오르내리거나

아이들과 경기를 할 수도 있습니다.

수영을 하러 가거나

공원에서 조깅을 하거나

산책을 해도 좋고요.

중요한 것은 땀 흘리며 움직인다는 것입니다.

건강을 지키기 위해서 할 수 있는

가장 중요한 일 중 하나가 바로

규칙적으로 몸을 움직여주는 것입니다.

화분의 꽃이 축 늘어져 있는 병원의 의사에게는
진료받지 마라.

에르마 봄벡

고대 중국의 의사들은
자신이 맡은 환자가 건강을 회복하고 나서야
돈을 받았다고 합니다.
그런데 요즘은 치료 시간을 충분히 들이지 않고,
환자의 말을 잘 들어주지 않는 것은 물론이거니와
원치도 않는 치료로 부당한 금액을 덮어씌우는
의사들을 만나게 됩니다.
당신에게 최선을 다할 '최고의 의사'를 찾아보세요.

당신은 의사에게 부탁을 하는 사람이 아니라
당당히 값을 치르는 '고객'이라는 점을 잊지 마시고요.
그리고 대우를 제대로 받고 있는지도 따져봐야 합니다.
기다리는 시간이 30분을 훌쩍 넘어버리면 곤란하겠죠.
의사는 항상 진료에 시간을 충분히 들이고,
당신의 말에 귀를 기울여야 합니다.
새로 나온 치료방법들은 꿰뚫고 있어야 하고요.
물론 설명도 알아듣기 쉽게 잘할 수 있어야 하죠.
정말 좋은 의사라면 건강을 회복시키는 과정에서
환자를 책임감 있는 파트너로 여길 것입니다.
당신 역시, '회복'에 대해서만큼은
환자 자신의 의지도 중요하다는 것을 깨닫게 될 테고요.

나를 사랑하는 당신에게

-린다 두푸이 무어

내가 아주 어렸을 적에

나는 내 인생에서

아주 특별한 사람을 만나게 되길 꿈꾸었어요

그 사람은

내 인생에 나타나

내 전부를 사랑하고

내가 바라는 것이 무엇인지를 알아주고

내가 하는 노력을 더욱 북돋워주며

나의 꿈을 함께 나눌 사람이었죠

나는 자라서

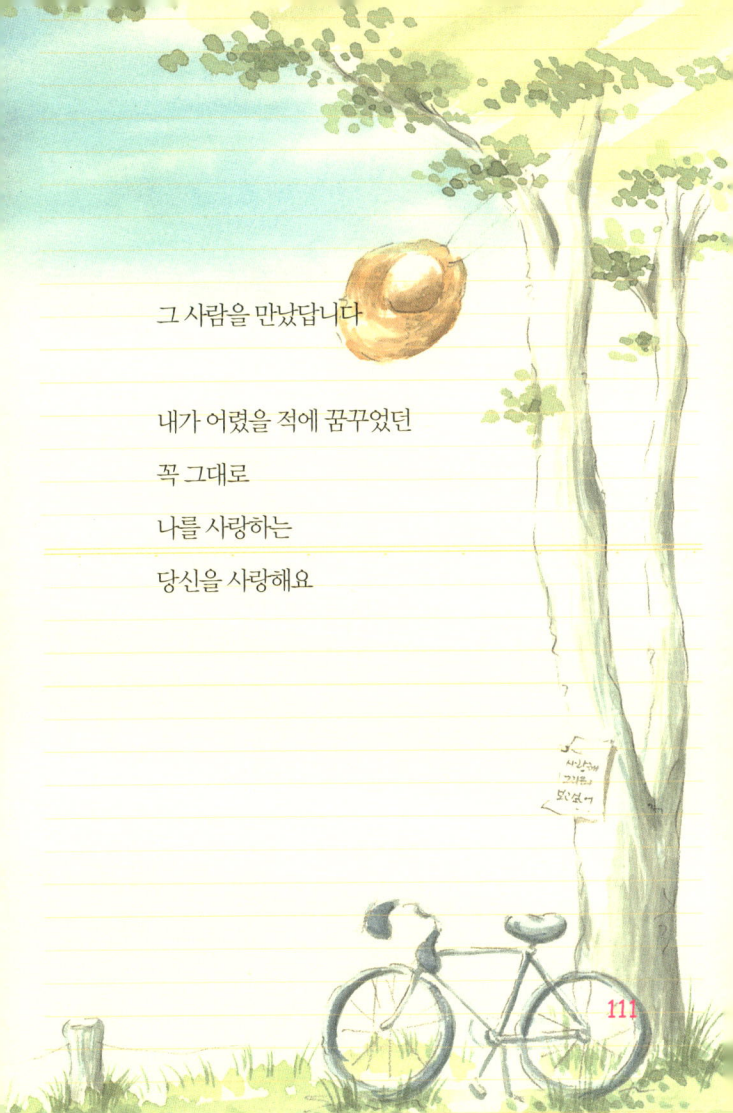

그 사람을 만났답니다

내가 어렸을 적에 꿈꾸었던
꼭 그대로
나를 사랑하는
당신을 사랑해요

마음에 **감동**한 편

여섯 시 육 분 전, 전쟁터에서 갓 돌아온 블랜포드 중위는 그랜드 센트럴역 시계탑 아래를 서성이고 있었다. 잠시 후, 편지로 끊임없이 자신을 격려해 준 한 여인이 붉은 장미를 가슴에 꽂고 나타나기로 되어 있었다.

그 여인과의 만남은 참으로 우연이었다.

전쟁터에서 블랜포드는 책을 한 권 빌렸는데 책에 자세하고 정확한 주석이 깨알같이 달려 있었다. 그는 도서관 장서표를 찾아 주석을 단 사람을 알아냈는데, 바로 홀리스라는 여성이었다.

블랜포드는 뉴욕의 그 여인에게 편지를 보냈고 여인도 답장을 보내왔다. 그런데 그녀는 아무리 사정을 해도 사진을 보내지 않고 '만일 나에 대한 감정이 진실하다면, 용모는 상관 없겠지요?'라고만 답장할 뿐이었다.

여섯 시 일 분 전, 블랜포드의 심장은 마구 고동치기 시작했다.

그때 젊은 여인이 블랜포드 쪽으로 걸어왔다. 초록색 원피스를 입은 그녀는 늘씬한 몸매였고, 아름다운 금발 머리는 어깨까지 물결치고 있었다. 그러나 그녀는 홀리스가 아니었다. 가슴 왼쪽에 장미가 꽂혀 있지 않았던 것이다.

그녀의 뒤로 장미를 꽂은 여인이 나타났다. 순간 블랜포드의 얼굴은 실망으로 얼룩졌다. 자신보다 두 살이 더 많다는 것은 익히 알고 있었지만, 지금 눈앞에 나타난 여인은 얼핏 보기에 사십은 되어 보였고 몸집도

큰데다가 있는 대로 살이 오른 볼품없는 중년부인이었던 것이다. 블랜포드는 초록색 옷을 입은 여인을 쫓아가고 싶었지만 이내 마음을 고쳐먹었다.

'그래, 이것은 사랑이 아닐지 몰라. 하지만 내게 끝없는 용기를 심어준 이 여인과 사랑보다 더 소중한 우정을 키워나갈 수 있을 거야.'

블랜포드는 정중하게 여인에게 말을 건넸다.

"홀리스 양이시죠? 블랜포드입니다. 저와 저녁을 드시겠습니까?"

그러자 중년의 여인은 눈을 동그랗게 뜨며 말했다.

"대체 무슨 일이죠? 방금 지나간 초록색 원피스의 여인이 이 장미꽃을 대신 꽂아달라고 내게 부탁했답니다. 그리고 젊은이가 내게 저녁 식사를 하겠느냐고 묻거든, 자기가 저 건너 식당에서 기다리고 있노라고 전해달라더군요."

마음에 **감동**한 편

한 농부의 아들로 태어나 자동차 발명을 완성, 불과 20여 년 만에 굴지의 부호가 된 헨리 포드는 '적당한 운동, 80% 정도만 배를 채우는 소식, 신선한 공기'를 건강의 비결로 삼고 매우 간결한 생활을 했다고 한다. 그래서 몸은 학처럼 야위었지만 건강해서 한겨울에도 외투를 입지 않고 활발하게 돌아다녔다.

하루는 시의 모임에서 대기업 중역을 맡고 있는, 그야말로 중역다워 보이는 뚱뚱한 체구의 친구를 만났는데, 그 친구가 포드에게 농담을 건넸다.

"포드, 자네 지금 당장이라도 굶어 죽을 것처럼 야위었는데 능률증진도 좋지만 연명할 만큼은 먹어두는 게 어떻겠나?"

능률증진은 당시 포드 회사의 방침이었다.

이에 포드가 대답했다.

"아, 자네 충고는 고맙지만 사실 나는 한 번도 병원 신세를 진 적이 없다네. 시에서 병원을 운영하고 있어서 종종 가는데, 과식으로 수술을 받는 사람들을 보면 전부 자네처럼 뚱뚱하더라고."

모임이 끝나자 다시 포드가 말했다.

"내 건강의 비결을 보여줄 테니 오게나."

포드는 친구를 자기 집 난로 앞으로 데려갔다. 난로 위 벽에는 다음과 같은 글이 적힌 액자가 걸려 있었다.

"네 손으로 장작을 패라. 두 번 따뜻해진다."

Baltasar Gracián

진솔한 의도를 지닌 지성이 모여 부단한 성공을 보장한다. 건강한 이성이 사악한 의지와 결합하면 뒤틀린 폭력만 양산한다. 악의는 모든 종류의 완벽함을 독으로 물들인다. 거기에 지식까지 더해지면 매사가 기묘하게도 실패로 돌아가고 만다. 지성이 배제된 지식은 두 배의 멍청함일 뿐이다.

Baltasar Gracián

근면과 재능. 이 두 가지가 없으면 탁월한 인물이 될 수 없다. 그러나 이 둘을 잘 조합하면 최고의 수준에 오를 수 있다. 평범한 머리를 지닌 자가 부지런할 때, 총명하지만 게으른 자를 능가한다. 노력은 명성을 얻기 위해 지불하는 대가이고 값없이 얻는 것은 그만큼 가치도 떨어진다. 고위관직에 있는 자들 중에도 근면성이 부족한 이들이 있다. 그러나 재능이 없어 괴로워하는 이들은 거의 없었다. 하위 직책에서 뛰어난 자가 되기보다 차라리 상위 직책에서 평범한 자가 되겠다는 소망은 그나마 용납이 된다. 그러나 상위 직책에서 탁월한 능력을 보일 수 있는 자가 하위 직책의 평범한 자인 것으로 만족할 경우에는 용서의 여지가 없다. 어쨌든 기본적으로 필요한 것은 천성과 기술이다. 여기에 근면이 더해지면 성공은 보장된 것이나 다름없다.

마음에 감동 한 편

독일의 대철학자 칸트는 80 평생을 오직 연구에만 바쳤으며 독신으로 살며 여행도, 교제도 하지 않고 소박한 자신의 서재와 대학 사이를 오가며 생활했다.

그는 특히 '시간'에 대해서 과학자처럼 엄격했는데, 기상은 다섯 시, 취침은 열 시로 정해두고 매일 단 1분 1초도 늦지 않았다.

다섯 시 전에 항시 충실한 하인 란페가 "시간됐습니다"라며 그를 깨웠다. 전날 밤, 어쩔 수 없는 사정으로 늦게 잤더라도 아침이면 란페의 목소리를 듣고 벌떡 일어났다.

"란페, 자네가 나와 삼십 년이나 함께 생활하면서 나를 두 번 깨워야 했던 적은 아마 단 하루도 없었을 거야."

이 일에 대해 칸트는 이렇게 자랑했는데, 이는 사실이었다.

그리고 언제나 오후 세 시가 되면 반드시 산책을 나갔는데 단 1분도 늦은 적이 없었다. 그래서 마을 사람들은 종종 멈추곤 하는 마을 시계에 의존하지 않고 칸트가 지나가는 모습을 보고 각자의 시계를 맞췄다고 한다.

Baltasar Gracián

행복한 자와 불행한 자를 파악하여 행복한 자들과 어울리고 불행한 자들은 멀리하라. 대부분의 불행은 우둔함에 대한 처벌인데, 우둔함만큼 잘 전염되는 질병도 없다. 사소한 악에 대해서도 절대 문을 열어주면 안 된다. 훨씬 더 많은, 훨씬 더 나쁜 종류의 악이 사소한 악을 뒤따라 기어들어오기 때문이다.

Baltasar Gracián

상상력을 조절하라. 때로는 생각이 흐르는 방향을 올바른 쪽으로 교정하고 때로는 생각에 날개를 달아주어야 한다. 상상력이야말로 우리의 행복을 좌우하기 때문이다. 나아가 상상력은 우리의 이성까지 조절한다. 상상력은 폭력을 유발하기도 하고, 여유롭게 관찰하는 것만으로는 만족하지 못해 직접 행동에 나서게도 하며, 어떤 멍청함과 대면하느냐에 따라 인생을 환희나 비애로 가득 채우며 우리의 존재 자체를 뒤흔들기도 한다. 상상력은 우리 자신에 대해 만족감을 주기도 하고 불만을 품게도 하며, 심지어 어떤 이들에게는 지속적인 고통을 안겨주기도 한다. 그러한 멍청이들이 스스로 만들어낸 상상력은 사형집행관이 된다. 그런가 하면 상상력은 어떤 이들에게는 기분 좋은 현기증 속에서 축복과 행복을 느끼게 만들기도 한다.

마음에 감동 한 편

검은 셔츠를 입은 대원 9만 명을 이끌고 로마에 무혈 입성, 대권을 잡고 내각 조직을 마친 무솔리니는 국가의 혼란을 진정시키기 위해서 검은 셔츠의 대원들을 한시라도 빨리 각자의 고향으로 돌려보내야 했다.

무솔리니는 바로 철도 장관을 불러 명령했다.

"오늘 밤 여덟 시부터 스물네 시간 이내에 대원 사만 명을 고향으로 돌려보낼 테니 채비를 하게."

"그건 도저히 불가능한 일입니다. 적어도 사흘은 걸려야……."

"나는 가능한가 불가능한가를 묻고 있는 것이 아닐세. 스물네 시간 이내에 해결하라고 명령한 것이야. 자네는 그저 명령을 실행에 옮기기만 하면 되네."

"하지만 실제로 불가능한 일을……."

이렇게 말문을 연 장관은 아차 싶어 입을 다물었다. 무솔리니의 명령에는 그 누구도 반항할 수 없었기 때문이었다.

장관은 바로 비상 체제로 돌입, 가능한 한 모든 인력을 동원하여 로마 정류장으로부터 사방으로 대원을 가득 실은 열차를 차례차례 출발시켰다. 명령대로 24시간 안에 로마는 찬물을 끼얹은 것처럼 조용해졌다.

다음 날 무솔리니가 장관을 불러 말했다.

"자네, 잘해줬네."

"네, 간신히……."

"수고했어. 내가 명령했을 때 자네는 놀란 듯했지만, 우리들은 언제나 할 수 있어서 하는 것이 아니라 해야만 하기 때문에 하는 것이라네. 그리고 하려고만 들면 할 수 있는 법이지."

사랑하는 이가 있다는 것을

-로저 핀취즈

길이 너무 멀어 보일 때,

어둠이 밀려올 때,

모든 일이 다 틀어지고 친구를 찾을 수 없을 때……

그때는 기억하세요,

사랑하는 이가 있다는 것을.

미소 짓기가 어렵고 기분이 울적할 때,

아무리 날갯짓해도 날아오를 수 없을 때……

그때는 기억하세요,

사랑하는 이가 있다는 것을.

일을 마치기도 전에 시간이 다 달아나고,

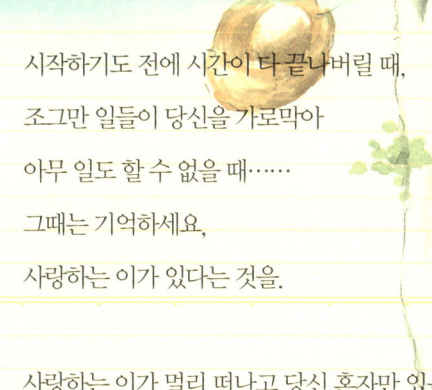

시작하기도 전에 시간이 다 끝나버릴 때,
조그만 일들이 당신을 가로막아
아무 일도 할 수 없을 때……
그때는 기억하세요,
사랑하는 이가 있다는 것을.

사랑하는 이가 멀리 떠나고 당신 혼자만 있을 때,
어떤 말을 해야 할지 모를 때,
혼자 있다는 것이 두려울 때,
그때는 기억하세요,
사랑하는 이가 있다는 것을.

현명한 랍비 수스자는 죽기 직전 이렇게 말했다.

"다음 세상에서 신은 나에게

'너는 왜 모세 같은 이가 되지 못했느냐?' 라고 묻지 않을 것이다.

대신, '너는 왜 랍비 수스자 그대로가 아니었느냐?' 라고 물을 것이다."

마틴 부버

우리는 얼마나 자주 남과 비교를 해대는지요!

비교는 인생을 쓸데없이 힘들게 만드는 일 중 하나입니다.

게다가 배우자나 아이들조차 '비교'를 하며

우리에게 근심거리를 안겨주지요.

"왜 나는 남들과 다를까?"

"왜 남들처럼 할 수 없을까?"

이런 생각은,

모든 인간이 동일하다는 믿음과

'평범한 것'이나 '비범한 것'이 존재한다는 믿음에서

비롯된 것입니다.

하지만 실상 전 세계에는

70억 명의 서로 다른 사람들이 살고 있는걸요.

'평범'이란 것은 없습니다.

사람은 모두 독특하고 특별한 존재입니다.

자신이 할 수 있는 최선을 다하죠.

이것을 깨달은 뒤에야 비로소

타인의 유일성을 인정하게 됩니다.

우리 이웃이 하는 것,

다른 부부들이 할 수 있는 것

혹은 그들의 자녀가 해내는 것들은

우리와 전혀 무관한 것일 수 있습니다.

정말이에요.

이 아이디어가 잘 안 된다 싶으면

다른 아이디어를 적용해보라.

프레드 아스테어

일하는 방식이 틀렸기 때문에

일이 진척되지 않을 때가 종종 있습니다.

일하고, 또 일해도 성과가 보이지 않는 거죠.

우리는 일단 노력이 부족한 탓이라고 생각합니다.

마치 자동차 바퀴가 진창에 빠져서

어쩔 줄 모르는 운전자처럼

계속 애꿎은 액셀러레이터만 밟아보지만,

차는 구덩이로 더 깊이 빠질 뿐입니다.

일은 많이 하지만 진도가 나가지 않는다는 느낌이 들면,
일단 그 일을 멈추세요.
다른 것은 모두 제쳐두고
오후 동안 다른 일을 해보는 거예요.
햇살이 비치는 밖으로 나가 산책을 한다든지
주방을 정리하는 거죠.
그런 다음,
일을 하는 데 지금보다 더 나은 방법은 없는지,
더 쉽게 일을 진척시킬 방법은 없는지
조용히 생각해보세요.

우리가 알고 있는 것은

물방울 하나에 불과하다.

우리가 모르는 것은

저 대양이다.

아이작 뉴턴

세상에서 무슨 일이 일어나고 있는지

시시각각 업데이트를 하고 있나요?

아니면 일 더미에 묻혀 있나요?

매일매일 신문을 정독해야 할 필요는 없습니다.

다만 일주일에 몇 번은 TV 뉴스를 보려고 해보세요.

볼만하고 재미있는 외국 소식들도 접할 수 있을 거예요.

아니면 일요신문 구독 신청을 해서

특별히 눈이 가는 기사들을 모두 읽어보는 거예요.

이 아름답고 흥미진진한 세상에 대한
지식을 넓힐 만한 방법을 찾아보세요.
종종 우리는 그럴 시간이 없다고 생각하죠.
하지만 때로 수평선 너머를 보면,
시간을 투자한 것에 대한 보상을
충분히 받을 수 있을 거예요.
즐거울 뿐 아니라,
우리의 문제를 다른 시각에서 바라보는 법을
배우게 되니까요.

영혼의 문을 열면

그곳에 건강이라는 정원이 있을 것이다.

메리 시몬스

충분히 잠을 자고

일할 때 무리하지 않으며

적당히 먹어주는 것은 당연히 중요한 일입니다.

그러나 보다 근본적으로는,

즉 건강이라는 정원의 문을 열기 위해서는

규칙적으로 자기 자신에게 신경을 써주는 일이

우선되어야 합니다.

본인에게 필요한 것을 채워주는 것은

이기적인 것이 아닌, 이성적인 행동입니다.

건강에 신경을 쓰면

기분이 좋아지고

몸에 균형이 잡히는 것이 느껴질 것입니다.

남이 당신을 돌봐줄 때까지 기다릴 필요는 없습니다.

당신이 누군가를 위해 무엇을 할 때는

대가를 바라지 않고 기꺼이,

즐거운 마음으로 해주지 않나요?

스스로에게 신경을 쓸 때

비로소 더 강해질 수 있고,

타인에게도 소중한 것들을 내어줄 수 있을 것입니다.

가야 한다면 가라.

그리고 머물러야 한다면 머물러라.

선(禪)의 가르침

대부분 우리는 순간을 살지 못합니다.

항상 여러 가지 일을 한꺼번에 하려들죠.

이를테면 일하는 동안

저녁에 장 볼 거리로 무엇을 살까 고민하고,

시내를 돌아다니다가도 전화통화를 하고,

먹으면서 TV 뉴스를 보죠.

그런 식으로 항상 한 걸음씩 앞서 갑니다.

순간을 살지 못하고 브레이크를 걸지 못합니다.

결국은 자아를 인식하지 못하는 것이죠.

적극적인 삶을 영위하면 즐겁습니다.

하지만 조용히 앉아 명상을 하는 것도

못지않게 중요하지요.

그러기 위해서는

우선 지금 하고 있는 일에

집중할 수 있는 능력을 길러야 합니다.

그래야 순간의 미美에 대한 인식을 얻을 수 있습니다.

그리고 생기 있게 사는 행복을 만끽하게 되죠.

지금, 바로 여기에서 행복을 누릴 수 있습니다.

이런 호흡으로,

항상 한 번에 하나씩 하는 법을

처음부터 배워보는 거예요.

내 사랑은 그대의 것입니다

-리사 위겟

그대와 함께하는 시간은 내게 아주 특별합니다
그대에게 손을 내밀면
그대가 거기 있을 것임을 알고 있어요
내게 그것은 온세상을 의미하죠

그대가 어딜 가든
내 마음은 그대와 함께 있으며
어떤 일이 있어도 내 사랑은 그대의 것이에요

그대가 내게 미소 지을 때
그것은 그대 마음속으로부터 우러나온 것임을 알지요
또한 다른 누구도 하지 않을 일을

그대는 나를 위해 하리란 것을 알아요

내가 해야 하는 만큼
자주 그대를 사랑하노라고 말하지 않는 것은
내 마음속 깊은 곳에서는
내가 그대를 사랑하고 있음을
그대가 알아주길 바라고 있기 때문입니다

마음에 감동한 편

아버지와 단 둘이 사는 소년이 있었다.

풋볼을 몹시 좋아한 소년은 키도 작고 체구도 작았지만 중학교, 고등학교 모두 풋볼팀에 들어갔다. 그러나 그는 늘 후보 선수로 남아 한 번도 경기에 참여하지 못했다. 하지만 그는 언젠가는 주전선수로 경기장에 나갈 수 있을 것이라는 희망을 버리지 않았고 하루도 거르지 않고 연습에 골몰했다.

소년의 팀이 경기를 하는 날이면 소년의 아버

지는 어김없이 관중석에 나와 소리를 지르며 열심히 응원을 했다.

대학에 들어간 소년은 또다시 풋볼 팀에 들어갔다. 비록 체격은 왜소했지만 놀랄 만한 투지를 높이 산 감독이 소년을 합격시킨 것이다. 이 소식을 들은 소년의 아버지는 4년 동안 있을 대학 풋볼 경기 입장권을 한꺼번에 사버렸다. 그러나 소년은 4년 동안 단 한 번도 시합에 나가질 못했고 경기가 있을 때마다 아버지는 여전히 관중석의 한 자리를 지키고 있었다.

졸업을 얼마 앞두고 마지막 시합이 있기 일주일 전, 소년은 아버지가 돌아가셨다는 뜻밖의 소식을 접하고 고향을 다녀왔다.

토요일 시합날, 경기는 소년이 속한 팀이 뒤지고 있었다. 속이 바짝바짝 타들어가는 감독 앞에 소년이 나타나 제발 자신을 출전시켜 달라고 빌었다.

감독은 단 한 번도 출전 경험이 없는 선수를 내보낸

다는 것이 이 상황에서는 무리라고 생각하여 거절하였다. 그러나 소년이 너무 열성적으로 매달리자 결국 소년을 경기에 내보냈다.

그런데 소년이 경기장에 나간 이후 전세는 바뀌기 시작했다. 그는 누구보다도 잘 뛰었고 공도 잘 잡아내었다.

마침내 동점이 되고 경기시간 1분을 남겨놓고는 소년이 승리점을 올리고 말았다. 그것은 기적이었다.

경기가 끝난 후 감독이 소년에게 어떻게 된 일이냐고 묻자 소년은 울먹이며 말했다.

"우리 아버지는 장님이었습니다. 아버지는 모든 경기를 보러 오셨지만 내가 뛰지 않았다는 것을 모르셨습니다. 그러나 이제 돌아가셨기 때문에 오늘 처음으로 제가 경기하는 모습을 하늘에서 보실 수 있었을 겁니다."

마음에 감동한 편

제1차 세계대전 당시, 프랑스의 수상으로서 유럽 정계에서 크게 활약했던 클레망소는 의사로부터 이런 말을 들었다.

"좀더 몸을 소중하게 여기셔야 합니다."

그는 덧붙여서 담배는 하루에 여섯 개비만 피우라고 했다.

"겨우 그 정도밖에 피울 수 없다면 차라리 끊어 버리겠네."

이렇게 선언한 클레망소는 금연을 시작했다.

그런데 그의 책상 위에는 여전히 담배 상자가 놓여 있었는데, 그것도 뚜껑이 열린 채였다. 그것을 보고 어떤 이가 물었다.

"각하, 담배를 끊으셨다고 들었는데 다시 시작하셨습니까?"

그러자 클레망소가 크게 웃으며 대답했다.

"담배를 좋아하는 나는, 내가 좋아하는 것을 눈앞에 늘어놓고 참기 어렵다는 생각을 참고 있는 걸세. 승리의 기쁨은 고난이 클수록 더한 법이지. 그리고 기뻐해 주게, 아무래도 승리를 목전에 둔 것 같군."

Baltasar Gracián

통솔력은 뛰어난 자들이 지닌 은밀한 힘이다. 통솔력은 비열한 위장전술이 아니라 훌륭한 천성에서 비롯된다. 통솔력 앞에서는 만인이 복종한다. 영문도 모른 채 천성적 권위가 지닌 은밀한 힘을 인정하는 것이다. 훌륭한 정신력을 지닌 자는 자신이 내포한 가치로 인해 군주로 떠받들어지고, 천성적 특권으로 인해 사자로 격상된다. 그들은 자신을 향한 경외심을 이용해 나머지 모든 사람들의 마음과 머리를 사로잡는다. 이런 자들이 만약 다른 재주까지 지녔다면 그들은 날 때부터 나라를 이끌어갈 도구로 정해질 것이다. 그들은 표정 하나로 남들이 일장연설로 얻어내는 것보다 훨씬 더 많은 것을 얻어내기 때문이다.

Baltasar Gracián

사람들의 호감을 얻으라. 많은 이들의 경탄을 받는 것만으로도 대단한 일이지만 그들의 사랑까지 받을 수 있다면 더더욱 좋다. 많은 일들이 자연의 자비에 의해 좌우되지만 노력에 의해 좌우되기도 한다. 자연의 자비가 초석을 쌓는다면 그것을 꽃피우는 것은 노력이다. 탁월한 재주는 필요조건이기는 해도 충분조건은 못 된다. 그리고 호의를 베풀지 않으면 호의를 얻을 수 없다. 온몸으로 선행을 베풀고, 아름다운 말에 더 아름다운 행동을 더하라. 사랑받고 싶다면 사랑하라. 예의 바른 태도는 위대한 자들이 활용하는 정치적 마술 중 최고봉이다. 먼저 행동가에게 손을 내밀고, 이어 문필가에게 손을 내밀어라. 문인들도 호감을 보일 때가 있는데, 그 호감이야말로 불멸하는 것이다.

마음에 감동 한 편

『달과 6펜스』 등의 작품으로 수많은 애독자를 확보하고 있는 영국의 문호 서머싯 몸이 75번째 생일을 맞아 축연을 벌이던 날 밤의 일이었다. 친구 한 명이 그에게 물었다.

"자네, 지금까지 살아오면서 가장 기뻤던 일은 무언가?"

몸은 빙그레 웃으며 대답했다.

"한 가지 있는데, 태평양 작전에 종군 중이던 한 병사로부터 편지를 받았을 때라네. 그 편지에는 '당신의 작품을 통독했는데 단 한 번도 사전을 찾지 않았습니다. 감사합니다'라고 적혀 있었지. 아마 문학가에게 이 이상 기쁜 일은 없을 것이야. 그것이 내 생애를 통틀어 가장 기뻤던 일이라네."

Baltasar Gracián

날카로운 관찰력과 판단력. 이 두 가지 재능을 지닌 자는 세상에 지배되지 않고 오히려 세상을 지배한다. 이들은 사람을 대할 때에도 상대방을 이해하려 하고 그 사람의 속을 보고 판단한다. 미묘한 관찰력을 발휘하여 마음속 깊은 곳에 숨은 뜻도 완벽하게 꿰뚫는다. 이들은 날카롭게 관찰하고 철저하게 파악하며 올바르게 판단한다. 이들은 모든 것을 파헤치고, 관찰하고, 파악하고, 이해한다.

Baltasar Gracián

결단력 있는 사람이 되라. 일을 제대로 실행하지 못한다 하더라도 그편이 우유부단한 것보다는 덜 해롭다. 도무지 결단을 내리지 못하고 타인이 부추겨주기만 기다리는 이들이 있다. 판단력을 흐릴 만큼 강렬한 막막함 때문에 결단을 내리지 못할 때도 있지만 실천력 부족이 더 큰 원인인 경우가 많다. 난관이 어디에 있는지 찾아내는 데에도 날카로운 감각이 필요하지만 해결책을 찾는 데에는 더욱 예리한 감각이 필요하다. 그런가 하면 어떤 상황에서도 곤란해하지 않는 이들도 있다. 그들은 어떤 일이든 단박에 해치운다. 그들은 한 가지 일을 끝내고 다음 일을 처리할 시간을 번다. 그들은 행운으로부터 계약금을 받은 후에야 안도하며 거래에 뛰어든다.

마음에 감동한 편

영국의 수상으로서뿐만 아니라 세계 정계의 거물로도 활약했던 볼드윈은 시골 한 부호의 아들로 태어났다. 대학을 졸업한 뒤 아버지가 경영하고 있던 회사에 사원으로 입사, 얼마 지나지 않아 중역이 되었는데, 그는 일에만 전념하는 전형적인 코스를 밟고 있었다.

그런데 막 20세기로 접어들었을 무렵, 볼드윈의 나이 40세가 되던 해에 대의원 등의 자리에 있던 그의 아버지가 갑자기 돌아가셨다. 볼드윈은 이전까지는 정치와 거의 관계가 없었지만 아버지의 지반이 있었기 때문에 그것을 이어받아 자신도 대의원에 입후보해보기로 결심했다.

하지만 친구들은 모두 입을 모아 반대했다.

"그런 짓은 하지 않는 게 좋네."

"어째서지? 나는 정치가로서 소질이 없다는 겐가?"

"아니, 소질이 없다는 게 아니라 너무 늦었다는 게지. 자네 연배 정도 되는 사람들은 머지않아 차관이나 장관이 될 걸세."

"그런 이유라면 난 별로 신경 쓰지 않겠네. 내가 정치가가 돼야겠다고 생각한 것은 입신출세를 위해서가 아니니까. 다행히 아버지께서 얼마간의 유산을 남겨주셨기에 경제적으로 걱정하지 않아도 되니, 지금부터는 국가와 국민을 위해서 이 한 몸을 바쳐야겠다고 생각한 것뿐일세."

"자네 마음을 모르는 바는 아니지만 그래도 사십에

서야 시작이라니, 너무 늦었네, 이 사람아!"

그러자 볼드윈은 굳은 결의의 빛을 보이며 말했다.

"충고는 고맙지만 인간이 뜻을 세우기에 늦은 때란 존재하지 않는다고 나는 확신하고 있다네."

머지않아 그는 뜻한 바대로 대의원이 되었고, 일신의 이해관계에 연연해하지 않고 국가 본위로 활동하며 점점 인정을 받아 보수당의 총재가 되었으며 영국 수상으로서 세계적으로 그 정치적 수완을 발휘하였다.

그대와의 사랑이 깊어갑니다

-제이미 딜러레

내가 처음 그대와 사랑에 빠진 것이

언제였는지 잘 모르겠지만 아마

우리가 처음으로 서로를 마음에 품었던 그때였거나

아니면 그대가 나를 조금 좋아한다는 사실을

내가 처음으로 알게 된 때였을 거예요

잘은 모르겠지만

내가 그대를 생각하면 할수록

아무 일도 손에 잡히지 않았던 때가 생각납니다

그대가 내 곁에 머물러 있기를

그렇게도 간절히 원하였으며

그런 생각에 너무나 감격해하던 일이 생각납니다

전화벨이 울릴 때마다
언제나 그대이길 바랐으면서도
또 한편으로
그대가 아니길 바랐던 기억도 납니다

평정심을 잃거나

좌절과 분노로 가득 찼을 때는

작전타임을 쓴다.

그것이 60분이건 60초건 상관없이.

조지 쉬언

'일단 멈춤'은
사무실에서나 집에서나,
갑작스레 스트레스를 받을 때 사용할 수 있는
간단하고 효과적인 방법입니다.
평정심을 잃고 버럭 화를 내기 직전이라면,
다시 한 번 주변을 넓게 바라보세요.
한창 일하던 중이더라도
하던 일을 당장 멈추고,

일어나 창문을 열고,
차 한 잔을 타고,
몇 분 동안 다른 방에 가 있거나
신선한 공기를 쐬러 밖으로 나가는 거예요.
심호흡을 하세요.
그리고 좋은 것들을 생각해보세요.
이렇게 하던 일을 확 바꿔버리면
안정을 되찾을 수 있을 것입니다.
만약 다음에
'여기선 정말 더이상 못 견디겠어'라는 생각이 들면서
뛰쳐나가고 싶다면,
이 '일단 멈춤' 방법을 써보세요.
효과가 있을 거예요.
곧 안정을 찾을 수 있을 겁니다.

걷는 것은

훌륭한 진정제다.

폴 윌슨

하루의 스트레스를 날려버리세요.

'걷기'로 말이지요.

30분 동안 걷는 것은

긴장을 완화시키는 훌륭한 방법입니다.

특별히 마음에 드는 방식을 찾아보세요.

편안한 옷으로 갈아입고 야외로 나갈 수도 있고,

애완견과 오랫동안 산책을 해도 되고요.

아니면 워크맨으로 음악을 들으면서

동네의 거리로, 공원으로 조깅을 가도 좋겠네요.
걷기를 하면
스트레스 호르몬인 아드레날린이
몸속에서 분해됩니다.
또 한 가지 좋은 점이 있다면,
뇌에서 행복 물질인 세로토닌이 분비되어
모든 세포에 행복감이 전달된다는 것입니다.
몇 바퀴를 돌고 피곤을 느꼈다면,
돌아올 때는 다시 태어난 듯
상쾌한 기분이 들 거예요.
규칙적인 걷기 운동을 하면
혈중 칼슘이 뼛속으로 흡수되어
골다공증이 예방됩니다.

전쟁터에 나가기 전날 밤에는
푹 자야 한다.
존 암스트롱

동료가 황당한 농담을 던질 때마다
매번 싸울 기세로 대응할 필요는 없습니다.
왜냐하면 바로 그것이 시비를 거는 사람의 의도니까요.
미련한 농담과 빈정대는 말들을 내뱉는 이유로는
심기 불편, 가정교육 부족, 알력 싸움, 승진 욕심 등을
꼽을 수 있을 거예요.
눈치채셨겠지만,
이러한 이유들 중 어떤 것도 당신과는 무관합니다.

쓸데없이 당신을 걸고넘어지는 이유는
오직 한 가지, 당신을 희생양으로 삼으려는 것이에요.
시비를 거는 사람은
당신을 가지고 놀기 쉬운 상대로 알고 있는 거죠.
쉽게 흥분해서 얼굴이 발개지고
금세 눈물이라도 쏟을 기세니까요.
결국 당신은 도무지 일에 집중하지 못하게 되죠.
그렇게 되면 공격을 한 그 사람이
당신보다 더 나은 사람으로 인정받을 수밖에 없고요.
오늘부터는 자신감 있게 대응하는 거예요!
보호벽을 높이 쌓고, 상처가 되는 말들은 무시하세요.
무례한 대꾸가 떠올라도 접어두고요.
적당한 대꾸가 떠오르지 않는다면, 이 방법이 좋습니다.
당신은 직장에서 유능하고도 욕심이 많은 일꾼이잖아요.
그런 사람의 말에 일일이 대꾸하는 것보다
처리해야 할 더 중요한 일들이 많습니다.

무엇을 해야 할지만 알았더라면

나는 뭐든지 해냈을 것이다.

바바라 셰어

살면서 스트레스를 받는 가장 큰 요인은
공교롭게도 '일'이 아니라 '우유부단함'입니다.
사방에 안전망을 쳐놓고
동시에 모든 가능성을 열어두고 싶어 하는 것이
사람 심리입니다.
그런데 안전망을 쳐놓는다는 것은,
일을 많이 하고 끊임없이 피곤과 싸우기는 하지만
더 이상 어떻게 해보려는 노력은

하지 않는다는 것과 같습니다.
용기를 내어 두려움을 벗어던지기만 하면
추진력은 거의 동시다발적으로 생겨납니다.
'그렇다, 아니다'를 분명히 하면,
어느새 일은 진척되어 있을 테고요.
한 가지 목표를 직시하고 그 외의 것들은 정리하세요.
그러면 스트레스는 확 줄어들 겁니다.
피곤함도 잊고 행복감에 젖을 테고요.
삶에 스트레스가 찾아오는 이유가,
혹 당신에게
정말로 중요한 것을 결정할 용기가 없기 때문은 아닌지
곰곰이 생각해보세요.

나는 '당신' 곁에 있을 때가
———
가장 좋습니다.
———
기젤라 루돌레츠키
———

———

———

———

오늘 엄청난 스트레스를 받았나요?
그렇다면 집중 훈련이 도움이 될 거예요.
스트레스를 거뜬히 이겨내는 길이죠.
몸의 정점靜點은
배꼽 위로 한 뼘 정도 위에 있는 명치입니다.
명치를 중심으로 내면 깊숙이 자신을 느껴보세요.
조용히, 그리고 의식적으로
숨을 깊게 들이마셨다가 내쉬기를 반복합니다.

잠깐 동안 온 힘을 모아 몸의 중심을 생각해보세요.

숨이 들어오고 나가는 것을 느껴봅니다.

이제 집중하세요.

집중이란 몸의 중심으로 기를 모으는 것입니다.

당신의 내면에 존재하는

강하고 잠잠한 중점中點이 어딘지 생각해봅니다.

내면의 힘을 생각하세요.

이렇게 해서 당신은 당신 자신에게 이르게 될 것입니다.

이 연습을 자주 하다보면

감정의 혼돈 깊숙한 곳으로 들어갈 수 있을 것입니다.

그러나 내면의 강한 힘을 생각하기만 한다면

마음을 추스르기에 충분합니다.

사랑만이 희망이다

-V. 드보라

힘겨운 세상일수록 사랑만이 희망일 때가 있습니다.

새들은
하늘에 검은 먹구름이 드리울수록
더욱 세차게 날갯짓하며 비상한다는 것을
잊지 마십시오.

꽃들은 날이 어두워질수록
마지막 안간힘을 다하여 세상을 향해 고개 든다는 것을
잊지 마십시오.

나무들은 그 생명을 마쳤어도

하늘을 향해 곧게 제 모습을 지키며 서 있다는 것을
우린 정말 잊지 말아야 하겠습니다.

죽어서도 의연히 서 있는 나무들처럼,
마지막 순간에도
최선을 다해 고개 들어 하늘을 보는 꽃들처럼,
먹구름이 내려앉을수록 더 높이 비상하는 새들처럼,
삶을 사랑하고 사람을 사랑함에
최선을 다해야 하겠습니다.

사랑만이
우리에게 진정한 희망일 때가 있습니다.

마음에 감동한 편

패트와 올리 부부는 의사의 말에 정신이 멍해졌다.

"뇌의 가장 수술하기 힘든 부위에 동맥류가 생겼습니다. 수술할 경우 생존 확률은 10분의 1입니다. 그리고 이 경우 수술하는 제 손끝이 조금이라도 빗나가면 마비를 일으키거나 식물인간이 될 수 있습니다. 하지만 수술을 하지 않으면 살아남을 가능성은 거의 없습니다."

패트는 집으로 돌아와 울음을 터뜨렸다.

'왜 내게 이런 시련이 생긴 것일까……. 다른

사람을 해하거나 나쁜 짓을 하지도 않았는데…….'

한참을 울고 난 패트는 하느님이 도와주실 거라는 믿음을 가지며 수술을 하기로 마음을 굳혔다. 남편 올리도 패트의 생각에 동의하였지만 수술의 위험성을 생각하면 마음이 불안하여 견딜 수가 없었다.

올리는 이웃에 살고 있는 친구에게 전화를 걸어 아내가 곧 수술을 받을 것이라는 사실을 알렸다.

수술을 위해 병원으로 향하던 날, 부부는 조용히 집을 빠져나왔다. 패트는 자신이 건강한 몸으로 다시 집으로 돌아올 수 있을지 영 자신이 없었다. 올리는 걸음을 떼지 못하는 패트를 조심스레 차에 태우고 천천히 차를 몰기 시작했다.

거리는 늦가을의 낙엽이 뒹굴 뿐 황량하고 쓸쓸하기 그지없었다.

그런데 그때 놀라운 일이 일어났다.

거리 양쪽 모든 집의 현관문이 일제히 열리더니 동

네 사람들 모두가 나와 패트를 향해 손을 흔들며 웃는 얼굴로 키스를 보내는 것이었다.

이웃의 한 사람이 집집마다 전화를 걸어 패트의 건강을 위해 함께 격려해주자고 제안한 것이었다.

패트를 태운 차가 긴 골목을 빠져나갈 때까지 사람들은 계속해서 손을 흔들었다.

남편의 손을 꽉 쥔 패트의 손이 가늘게 떨렸다.

'나는 사랑받고 있어.'

패트의 어둡던 얼굴에 기쁨의 미소가 피어올랐고 가슴 가득히 새로운 희망과 용기가 차올랐다.

수술은 성공적으로 끝났고 패트는 이웃들의 환영을 받으며 무사히 그리고 건강한 몸으로 집에 돌아왔다.

이웃에게 베푼 아주 작은 사랑과 격려가 한 사람의 귀중한 생명을 되살리는 소중한 계기가 된 가슴 따뜻한 일이었다.

마음에 감동 한 편

프랑스의 유명한 물리학자로, 전자기학의 기초법칙인 '앙페르의 법칙'을 발견한 앙페르는 자신의 집으로 찾아오는 손님이 많아 연구에 방해가 되어 견딜 수가 없었다.

그래서 문에 '금일부재'라는 팻말을 걸어놓고 말없이 손님을 돌려보내자는 명안을 생각해내고는 바로 실행에 들어갔다.

어느 날, 앙페르는 어려운 수학 문제를 생각하면서 외출했다가 돌아왔다. 그런데 문으로 들어서려는 순간 팻말이 눈에 들어왔다.

"뭐야, 집에 없는 거야? 하는 수 없지. 나중에 다시 오는 수밖에."

앙페르는 혼잣말을 중얼거리고는 왔던 길로 터벅터벅 되돌아갔다. 문제에 너무 집중한 채 팻말을 보았기 때문에 순간적으로 친구의 집을 방문한 것이라 착각해서 생긴 일이었다.

Baltasar Gracián

자기 자신을 알라. 자기 자신에 대해 알지 못하면 자기를 통제할 수 없다. 자신의 지성과 어떤 일을 수행하는 능력을 파악하고, 자신의 용맹성 정도를 파악한 다음 어떤 행위에 뛰어들어야 한다. 나아가 자신의 심오함의 정도를 조사하고 각종 사안에서 자신의 능력을 저울질해봐야 한다.

Baltasar Gracián

상대방에게 부담을 주지 마라. 장사나 말로 먹고 사는 사람들은 남에게 부담이 되기 쉽다. 본디 간결한 말투일수록 상대방에게 더 잘 전달되고 거래도 수월해진다. 말이 길어지면 무례가 되지만 간결한 말 속에는 예의를 담을 수 있다. 장점을 짧은 말로 소개할 경우 그 효과는 두 배가 되고, 단점이 있을지라도 짧게 설명한다면 그다지 나쁜 결과를 낳지 않는다. 요점만 전달하는 것이 장광설보다 효과가 크다. 지혜로운 자는 남에게 부담이 되지 않으려고 주의한다. 특히 그 상대방이 매우 바쁜 일상을 보내는, 큰일을 하는 사람이면 더더욱 주의한다. 효과적으로 말하려면 짧게 말해야 한다.

마음에 감동한 편

이탈리아의 테너가수로서 세계적인 명성을 얻은 카루소는 소년 시절, 학교 음악선생님으로부터 놀림을 받았다.

"네 목소리는 마치 문틈으로 새어드는 바람소리 같구나."

그 말에 카루소는 자신은 음악에 소질이 없다고 생각했다. 단, 그의 어머니만은 그를 격려해주었다.

"선생님이 뭐라고 하시든 너는 음악가가 될 만

한 충분한 소질을 가지고 있으니 열심히 공부하거라."

원래 음악을 좋아했던 카루소는 공장에서 일하면서도 열심히 연습했다.

21세가 되던 해, 오페라에 단역으로 출연하기도 했지만 누구도 그를 인정해주지 않았다. 그런데 우연히 한 가수가 병에 걸려 출연하지 못하는 바람에 대역을 맡는 행운을 잡게 되었다. 열심히 공연했지만 실패로 돌아갔고, 그는 해고되고 말았다. 완전히 비관한 나머지 카루소는 홧술을 마시고 집으로 돌아와 자살을 결심했는데, 그때 극장에서 심부름꾼이 찾아왔다.

"카루소, 해고는 취소되었네. 한 유력한 손님이 와서 그 대역 신인을 만나게 해달라며 기다리고 있지 뭔가. 어서 가세나."

그날 이후로 카루소는 자살은커녕 자신의 재능을 마음껏 발휘하여 천재적인 가수의 지위에 올랐다.

Baltasar Gracián

행복할 때 불행을 대비하라. 행복한 시절에는 굳이 애쓰지 않아도 환심을 얻을 수 있고 친구도 넘쳐난다. 그 모든 것이 구하기 어려워지고 모두가 내게 등 돌리는 불행한 시절을 대비해 그 가치들을 소중히 지켜야 한다. 나아가 친구, 그리고 내게 의무감을 느끼는 사람들과의 관계를 잘 유지해야 한다. 지금 소중하다고 생각되지 않는 것들이 아쉬운 때가 반드시 오게 마련이다. 영혼이 무지한 자들은 행복할 때 친구의 소중함을 모른다. 내가 행복할 때 외면한 친구가 내가 어려울 때 갑자기 좋은 친구가 되어주지는 않는다.

Baltasar Gracián

예의 바른 사람이라는 평판을 얻으라. 그렇게만 되면 인기 있는 사람이 되는 것은 따놓은 당상이다. 예의범절은 교육의 주요 구성요소이자 사람들의 환심을 사는 일종의 마법이다. 반면 무례한 태도는 대중들에게 경멸과 반감만 일으킨다. 자만심에서 비롯된 무례함은 혐오스러우며 천박함에서 비롯된 무례함은 비루하다. 예의는 과하다 싶을 정도로 갖추는 편이 백번 낫지만 모든 사람들에게 똑같은 예의를 갖춰야 하는 것은 아니다. 적과의 관계에서는 자신의 용맹스러움을 증명하기 위해서라도 반드시 예의를 갖추어야 한다. 예의를 차리는 데에는 그리 큰 수고가 들지 않지만 돌아오는 이익은 크다. 상대방을 존중하면 나도 존중받게 되어 있다. 예의와 명예가 지닌 가장 큰 특징은 그것을 갖추는 사람에게 되돌아온다는 것이다.

마음에 감동 한 편

『셰익스피어 이야기』의 저자로 널리 알려진 영국의 문호 찰스 램은 30년 동안 인도상회에서 일하며 매일 아침 열 시부터 오후 네 시까지 성실하게 근무하였다.

독서와 집필은 밤에 할 수밖에 없었기 때문에 램은 언제나 낮에 일해야 하는 자신의 신세를 한탄하곤 했다.

"낮에 일이 없었다면 좋을 글을 쓸 수 있었을 텐데."

드디어 램이 바라던 날이 왔다. 정년퇴직을 하게 된 것이다. 인도상회는 오랫동안 근무해준 그에게 보답 차원에서 많은 퇴직금을 주었다. 램은 매우 기뻐하며 곧바로 친구인 버튼에게 편지를 썼다.

'나는 자유의 몸이 되었다네. 나는 앞으로 50년은 더 살 걸세. 틀림없이 인간이 하는 일 중에서 가장 좋은 것은 '아무것도 하지 않고 노는 일'이며 열심히 일하는 것은 '그 다음'일 것이야.'

그로부터 2년이라는 세월이 흘렀다. 길고도 따분한 시간이었다.
램은 그동안 마음이 완전히 바뀌어버렸다. 회사원이나 관리들이 매일 일정한 일을 반복하는 것이 인간에게 얼마나 중요한가를 뼈저리게 느꼈다.
램은 다시 버튼에게 편지를 보냈다.

'인간에게 아무런 일도 없다는 사실은 일이 지나치게 많은 것보다도 좋지 않은 일일세. 한가해지면 자신의 마음을 파먹게 되는데 무릇 인간이 먹는 것 중에서 그것만큼 안 좋은 것도 없을 것이네.'

당신을 만나기 전에는

-P. 파울라

당신을 만나는 것이 이렇게 큰 기쁨인 줄은
정말 몰랐습니다.

자연스런 대화와
변함 없는 애정과
그토록 완전한 믿음을
경험하게 될 줄은 정말 몰랐습니다.

내 자신을 바침으로써
더 많은 것을 받게 될 줄은
정말 몰랐습니다.

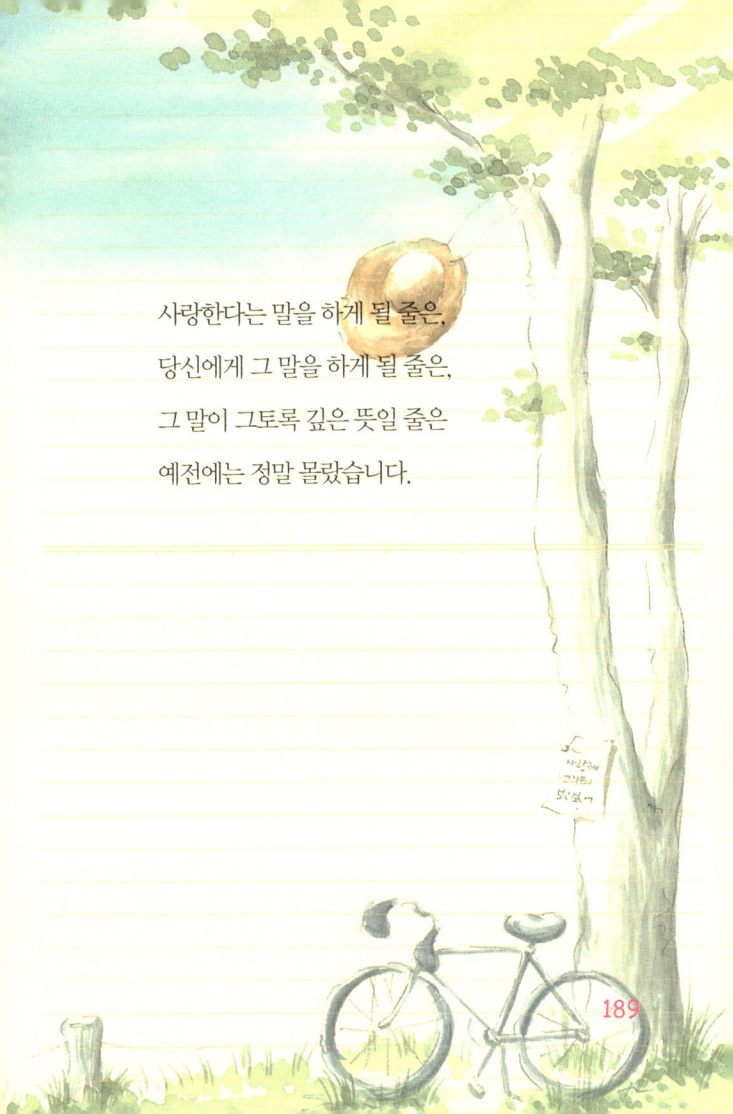

사랑한다는 말을 하게 될 줄은,
당신에게 그 말을 하게 될 줄은,
그 말이 그토록 깊은 뜻일 줄은
예전에는 정말 몰랐습니다.

늘 변함없는 자연의 리듬 속에는

끝없이 상처를 아물게 하는 무엇인가가 있다.

그것은 밤이 가면 아침이 오고,

겨울이 가면 봄이 온다는 확신이다.

레이첼 카슨

물 흐르는 소리는 놀라운 진정제 역할을 합니다.

만약 당신이 물이 있는 곳 근처에 살고 있다면

자주 그리고 오랫동안 산책을 다녀보세요.

조용한 자리를 찾아

물결 소리며 바람 지나는 소리를

의식적으로 엿들어보고 물을 바라보세요.

물은 계속 움직이고 있을 거예요.

고유의 리듬을 타는 것이죠.

가만히 들어보는 것 외에는 아무것도 하지 말아보세요.

처음엔 그러기가 쉽지 않을지도 모릅니다.

항상 무엇인가를 하는 것에 익숙해져 있으니까요.

하지만 시간이 조금 지나면

물은 당신의 생각을 가라앉혀줄 것입니다.

심지어 당신의 숨결도

저 물결과 같은 리듬을 타게 될지도 모르죠.

바닷소리는 우리네 인생처럼 다양합니다.

높이 일렁였다가는 다시 잠잠해지지요.

리듬은 그렇게 계속됩니다.

당신이 할 수 있는 일이 너무나 적기 때문에

할 일이 없다는 말은

어불성설 중에서도 가장 심한 것이다.

시드니 스미스

다른 사람들을 도울 수 있는 의미 있는 일에

적극 참여해보세요.

그런 활동들을 통해서

행복과 만족을 경험하게 될 것입니다.

'내가 뭘 할 수 있겠어?'라는 생각들로

기운 빼지 말고요.

세상에는 할 일이 너무나 많습니다.

그리고 그런 일에서 작은 역할을 담당할 수 있다는 것은 기쁨이기도 하죠.

눈을 들어보세요.

누군가를 돕거나

어떤 일을 하는 데 도움을 주는 것이

바로 당신의 일일 수 있습니다.

규모가 큰 국제 환경단체들이

모금을 통해 운영되고 있다는 사실을 알고 계세요?

그리고 모금액의 대부분은 결코 큰 액수가 아닙니다.

작은 액수가 차곡차곡 모인 것이지요.

셔츠 한 장 가격 정도나 될까요?

작은 돈이 모여서 큰일을 가능케 합니다.

아무리 작은 일일지라도 실천하는 것이 중요합니다.

내가 가진 힘을 믿는다면

몸은 회복되고

에너지로 넘칠 것이다.

샥티 거웨인

향내 나는 쿠션을 곁에 두고 자는 동안,

좋은 꿈도 꾸겠지만

자고 일어났을 때 한결 개운함을 느낄 것입니다.

꽃잎과 허브의 부드러운 향은

무의식중에 은근한 영향을 미치니까요.

동시에 잠자리의 불청객인

세균과 진드기를 쫓아내는 효과가 있기도 하죠.

알레르기가 있는 분들에게는

그야말로 안성맞춤입니다.

단, 향 쿠션의 재료는 반드시 천연소재여야 합니다!

합성소재를 머리맡에 두고 자면

기침을 유발할 수 있으니까요.

야생 꽃잎이나 허브는

일일 장이나 약초가게에 가면 구할 수 있습니다.

특히 월계수 잎이나 로즈메리나 사향초가 좋지요.

장미 꽃잎, 오렌지 껍질, 라벤더 잎도 좋고요.

작은 천 조각만 있으면 바느질로 손쉽게

향 쿠션이나 작은 주머니를 만들 수 있습니다.

단, 허브나 꽃잎을 집어넣을 때는

공간적인 여유를 줘야 합니다.

그래야 향을 낼 수 있으니까요.

그럼, 좋은 꿈꾸세요!

겁먹거나 우물쭈물하지 마래!

인생은 실험이다!

더 많이 시도할수록 좋다.

랄프 왈도 에머슨

우리는 실수를 합니다.

매일같이, 그것도 많이.

어떻게 안 그럴 수가 있겠어요?

우리는 단지 인간일 뿐인데요.

사는 동안에,

수년간 영향을 미칠 수도 있는

최악의 실수를 할 수도 있을 겁니다.

인연이 아닌 남자와 결혼을 하거나

주식에 투자해서 돈을 잃을 수도 있고,

잘못된 직장을 선택해 삶이 불행해질 수도 있겠죠.

큰 위로는 안 되겠지만

이것 한 가지만은 확실합니다.

다들 그렇게 산다는 것만은요.

실수를 모를 것 같은 사람들도

당신과 별반 다르지 않습니다.

어느 누구도 태어날 때부터

인생을 어떻게 살라는

설명서를 갖고 태어나지는 않아요.

실수요?

정말 엄청난 실수라고요?

연연해하지 마세요!

포기하지 말고 다시 시작해보세요.

진정 보물을 찾고 싶은 사람이라면

지도를 손에 들지 않고는

길을 떠나지 않을 것이다.

당신도 마땅히 그래야 할 것이다.

사라 브레스낙

당신의 영혼을 울리는 그림들을 모아보세요.

자신의 모습을 담은 사진이라든가,

예쁜 그림엽서,

잡지에서 오려낸 사진 같은 것들을요.

어쩌면 당신이 손수 그림을 그려봤을지도 모르겠군요.

우리는 사진이나 그림,

책에서 오려낸 사진 조각,

노트 쪼가리 등 쓰지도 않는 것들을 모을 때가

더러 있습니다.

이내 종이들로 뒤엉킨 책상 서랍 속으로

사라지기 일쑤죠.

그 종이 더미들을 쓱 한번 훑어보는 데에도

시간과 에너지가 많이 소모될 거예요.

하지만 그럴 만한 가치는 충분히 있을 것입니다.

서랍 속 저 보물들을 끄집어내기 시작하면

틀림없이 삶이 풍성해질 테니까요.

모아둔 그림들 중에

이제는 더이상 당신의 영혼을 울리지 않는 것들도

많이 있을 것입니다.

하지만 뜻밖의 사진들이 눈에 들어오면서

당신의 미래가 보일지도 모르잖아요.

마음의 그림들은 모두,

당신이 살면서 느끼는 감정이나 소망을 보여줍니다.

당신에게 힘과 자신감을 선사해주죠.

그대는 나의 전부입니다

-P. 네루다

그대는, 해질 무렵 붉은 석양에 걸려 있는 그리움입니다.

빛과 모양 그대로 내가 가장 좋아하는 구름입니다.

그대는 나의 전부입니다.

부드러운 입술을 가진 그대여,

그대의 생명 속에는 나의 꿈이 살아 있습니다.

그대를 향한 변치 않는 꿈이 살아 숨쉬고 있습니다.

사랑에 물든 내 영혼의 빛은

그대의 발 밑을 붉은 장밋빛으로 물들입니다.

오, 내 황혼의 노래를 거두는 사람이여,

내 외로운 꿈속 깊이 사무쳐 있는 그리운 사람이여,
그대는 나의 전부입니다.
그대는 나의 모든 것입니다.

석양이 지는 저녁, 고요히 불어오는 바람 속에서
나는 소리 높여 노래하며 길을 걸어갑니다.

사랑하는 그대여, 내 영혼은
그대의 슬픈 눈가에서 다시 태어나고
그대의 슬픈 눈빛에서 다시 시작됩니다.

마음에 감동 한 편

제2차 세계대전이 일어나기 얼마 전, 한 폴란드인이 프랑스에서 비행기 교관직을 그만두고 자신의 전용비행기를 몰고 조국으로 돌아가고 있었다.

비엔나에서 하룻밤을 묵게 되었는데, 상점에서 물건을 고르던 그는 상점 안으로 뛰어든 한 유태인과 어깨를 부딪쳤다. 유태인은 공포에 질린 얼굴로 '게쉬타포', '게쉬타포'를 연발했다. 그는 독일경찰에게 쫓기고 있었던 것이다.

폴란드인은 어찌할까 잠시 망설이다 그를 데리

고 숙소로 갔다.

곧바로 게쉬타포가 들이닥쳤지만 침대 밑의 유태인을 발견하지는 못했다.

그들의 발소리가 멀어지자 폴란드인은 유태인을 침대 밑에서 끌어냈다. 비쩍 마른 유태인이 감사의 뜻을 전하기 위해 알아들을 수 없는 독일어를 연발하자 폴란드인은 불현듯 그를 돕고 싶어졌다.

폴란드인은 지도를 꺼내들고 그에게 안전한 곳이 어디냐고 손짓으로 물었다. 폴란드인은 유태인을 자신의 비행기에 태워 탈출시키려고 마음먹은 것이다.

그것은 목숨을 건 위험한 일이었다.

몇 번의 검문과 수색을 겪은 끝에 폴란드인은 유태인을 폴란드 국경의 어느 풀밭에 안전하게 내려줄 수 있었다.

몇 년 후, 전쟁이 폴란드에게까지 번지자 폴란드인은 독일군과 싸우기 위해 전투기 조종사가 되어 영국

으로 출발했다.

그러나 그는 영국해협에서 적군 비행기와 충돌하여 큰 부상을 입은 채 영국의 어느 병원으로 후송되었다. 머리 부상이 너무 심한 터라 의사들은 가망이 없다며 그를 응급실 한켠에 방치해두었다. 폴란드인은 의식을 잃었다.

얼마 후 폴란드인이 눈을 떴을 때는 야윈 사내가 눈물을 글썽이며 그를 내려다보고 있었다. 수년 전 그가 목숨을 구해주었던 그 유태인이었다.

"나는 그동안 당신을 잊어본 적이 없습니다. 얼마 전, 신문에서 폴란드 공군 비행사가 수훈을 세우고 부상을 입었다는 기사를 읽고 당신일 거라는 느낌을 받았습니다. 그래서 당신을 찾기 위해 폴란드에서 이곳까지 날아왔습니다. 당신이 오늘 아침 받은 수술은 대성공입니다. 나는 뇌신경 전문의사랍니다."

마음에 **감동** 한 편

 19세기 후반, 영국 문학계를 석권하며 국민적 영웅으로 존경받았을 뿐 아니라, 오늘날에도 여전히 세계적으로 널리 읽히며 많은 사람들의 영혼에 위안을 주는 작품을 쓴 대작가 찰스 디킨스가 그의 대표작 『두 도시 이야기』를 집필할 때의 일이었다.

 어느 날, 디킨스는 깊은 생각에 잠긴 채 산책을 하다가 한 여자아이가 끌고 가던 장난감 자동차를 발로 찬 바람에 그 안에 실려 있던 인형을 망가

뜨리고 말았다. 여자아이가 울음을 터뜨리자 당황한 디킨스는 몇 번이고 거듭 사과하여 아이를 달랜 뒤, 자신의 집으로 데려가 책장 위에 올려놓았던 멋진 인형을 주었다. 인형이 마음에 들었는지 여자아이가 매우 기뻐하며 집으로 돌아갔기에 디킨스는 마음을 놓을 수 있었다.

그런데 그 다음 날, 여자아이가 찾아와서는 어제 일에 대한 보답으로 지금 화제가 되고 있는 아주 재밌는 책을 사왔다며 책을 한 권 내밀었다.

포장지를 뜯어보니 그것은 자신이 쓴 소설 『데이비드 코퍼필드』였다. 디킨스는 자신도 모르게 미소를 지으며 진심으로 감사의 말을 전했다고 한다.

"고마워요, 꼬마 아가씨! 이렇게 기쁜 일도 없을 거예요."

Baltasar Gracián

흥분을 자제하라. 분노하거나 열광한 짧은 순간에 대한 소문이 담담하게 보낸 긴 시간에 대한 말보다 더 멀리 전달된다. 때로는 아주 짧은 순간이 평생을 망치기도 한다. 우리의 이성을 시험대에 올리기 위해 일부러 술수를 부리는 이들도 있다. 그들은 우리의 내면 깊은 곳을 들여다보려 하고, 현명한 자가 이성을 상실할 만한 건수를 찾았다 싶으면 그곳을 가차 없이 공략한다. 말은 내뱉는 사람에게는 매우 가볍지만 그것을 받아들이고 저울질하는 사람에게는 매우 무거워질 수 있다.

Baltasar Gracián

희망의 여지를 남겨두라. 그래야 행복 속에서 불행을 느끼지 않을 수 있다. 우리 몸은 숨 쉬고 싶어 하고 정신은 앞으로 나아가고 싶어 한다. 이미 모든 것을 지닌 자는 나머지 것들에서 실망과 불만만 느낀다. 지성을 수련할 때에도 호기심을 자극하고 기대를 불러일으킬 여지는 남겨두어야 한다. 칭찬을 할 때에도 아낌없는 칭찬은 자제하는 것이 현명하다. 더이상 바랄 것이 없어지면 모든 것은 두려워진다. 행복 속에서 불행을 느끼는 것이다! 두려움은 희망이 끝나는 곳에서 시작된다.

마음에 감동 한 편

일개 소년공에서 출발하여 석유와 철강사업으로 세계 굴지의 부호가 된 미국의 사업가 카네기에게 한 신문기자가 찾아왔다.

"청년들을 위해서 당신의 성공비결이 무엇인지 이야기해주십시오."

그러자 카네기가 웃으며 대답했다.

"그건, 어떤 직업을 선택했느냐에 상관없이 언제나 그 직업의 일인자가 되겠다고 다짐하는 것일세. 그 직장에서 없어서는 안 될 사람이 되는 것이지. 이건, 내가 체험을 통해서 얻은 확신이라네."

"그렇다면 체험을 좀 들려주십시오."

카네기가 진지하게 대답했다.

"나는 열두 살 때 방적 회사에서 화부로 일했지. 그때 나는 공장에서 제일가는 화부가 되기로 결심하고 그 일에 대해 연구하며 열심히 일했다네. 열심히 일하는 모습을 인정받아 나는 우체부로 추천되었지. 그때 나는 미국 최고의 우체부가 되겠다고 결심하고 한 집, 한 집 번지와 이름을 모두 외웠기 때문에 배달구역 안에서라면 모르는 곳이 없었다네. 이것은 결코 헛된 노력이 아니었어. 그 덕분에 나는 매우 소중한 존재로 여겨지게 되었거든. 다시 내 노력을 인정해주는 사람이 있어서 곧 전신기사로 채용되었는데, 그 후로도 일인자가 되겠다는 각오로 노력을 게을리하지 않았기에 결국 지금 철강왕이라 불리게 된 내가 있는 것일세."

Baltasar Gracián

영광스러운 장점에 배치되는 평형추를 지니지 않은 자는 아무도 없다. 거기에 강한 욕구가 더해지면 그 힘은 폭발적 위력을 지니게 된다. 거기에 맞서 싸우려면 신중에 신중을 기해야 한다. 그러기 위한 첫 단계가 바로 자신의 중대 결점들을 파악하는 것이다. 자기를 지배하려면 먼저 자기 자신에 대해 철저히 알고 있어야 한다. 불완전함을 유발하는 선봉장만 제압하면 나머지 것들은 모두 순종하게 되어 있다.

Baltasar Gracián

위선자가 되지 마라. 오늘날 때로는 위선을 떨어야 할 때도 있다. 그러나 신중해져야지 교활해져서는 안 된다. 사람들은 자신들은 성실하지 못하더라도 남이 성실할 때 기뻐한다. 그러나 성실함이 고지식함으로 이어져서는 안 되고 현명함이 교활함으로 변질되어서는 안 된다. 현명한 자로서 존경받도록 노력해야 한다. 사람들이 두려워하는 간신배가 되어서는 더더욱 안 될 일이다. 그런데 마음을 터놓는 솔직한 사람은 사랑도 많이 받지만 사기도 많이 당한다. 가장 중요한 기술은 거짓된 것들을 감추는 것이다. 황금시대에는 정직함이 최고의 덕목이었으나 흑철시대인 지금은 교활함이 최고의 덕목이 되었다. 자신의 의무가 무엇인지 아는 자라는 평판은 명예와 신망을 안겨준다. 위선자라는 평판은 비방과 불신의 근원이 될 뿐이다.

마음에 감동한 편

어느 겁쟁이 기사가 용을 죽이는 기술을 배우기 위해 마법사를 찾아갔다. 수업 첫날, 겁쟁이 기사는 마법사에게 한 가지를 못 박았다.

"전 겁이 많습니다. 저 같은 겁쟁이가 정말 용을 잡을 수 있을까요? 용 앞에서는 무서워서 벌벌 떨기만 하고 아무것도 못할 거예요."

그러자 마법사가 기사를 격려하며 말했다.

"걱정하지 말게. 내가 용을 죽일 수 있는 '용기의 검'을 주겠네. 이 검은 용을 죽이기 위해 특별히 만들어진 거라네. 누구든 이 검만 사용하면 어떤 용이라도 잡을 수 있지."

특별한 검이 있다는 말에 안도의 한숨을 내쉰 기사는 이내 기분이 좋아졌다. 얼마 후 겁쟁이 기사는 마법사의 가르침에 따라 '용기의 검'으로 차례차례 용을 처치했고, 용에게 잡혀 있던 소녀들도 모두 구해냈다.

그러던 어느 날, 기사가 거의 모든 용을 처치할 즈음, 마법사는 기사를 한번 시험해볼 요량으로 그를 가장 무서운 용이 사는 곳으로 가게 했다.

사기충천한 겁쟁이 기사는 재빨리 용이 살고 있는 동굴로 달려갔다. 그리고 소녀를 구하려는 순간, 크고 날카로운 이빨 사이로 뜨거운 불을 내뿜는 용이 나타났다. 기사는 재빨리 검을 꺼내 공격할 자세를 취했다. 그런데 검을 휘두르는 순간 그는 소스라치게 놀랐다.

이럴 수가! 검을 잘못 가져온 게 아닌가!

기사가 뽑아 든 검은 '용기의 검'이 아닌 그저 평범한

검이었다. 하지만 도망가기에는 너무 늦어버렸기에 기사는 손에 들고 있는 평범한 칼로 최선을 다해 싸웠다. 역부족일 것이라는 예상과는 달리 그는 순식간에 용의 머리를 베어버렸다. 용의 머리를 허리춤에 차고, 평범한 칼을 손에 든 채 기사는 자신이 구출한 소녀와 함께 의기양양하게 마법사에게로 돌아왔다.

그는 자기가 검을 잘못 들고 갔던 일과 전에는 결코 이해하지 못했던 '용기'라는 것에 대해 마법사에게 이야기했다. 그러자 마법사는 기뻐하며 웃었다. 그리고 겁쟁이 기사, 아니 젊고 용감한 기사에게 말했다.

"어쩌면 눈치 챘을지 모르지만, 원래 '용기의 검' 같은 것은 세상에 존재하지 않는다네. 또 평범한 검을 '용기의 검'으로 만들 수도 없지. 단지 내가 쓴 유일한 마법은 자네에게 자신감을 심어준 것뿐이라네."

사랑의 의미

-이더스 쉐이퍼 리더버그

사랑이란

비록 잊기 어려운 일이 생겨도

용서해주는 것입니다

함께 손을 잡고서 결코 떠나보내기를

원치 않는 것입니다

내일도 오늘만큼이나

좋은 날이 되길 바라며

비밀을 함께 나누고 함께 속삭이며

별이 빛나는 밤하늘을

함께 바라보는 것입니다

그리고 가장 중요한 것은

사랑이란

또다시 외롭게 되는 일이 결코 없을 것임을

깨닫는 것입니다

스트레스를 극복하는 법을 배우는 것은,

삶의 도전 과제들을

두려움과 체념이 아닌

에너지와 즐거움으로 대면하는 법을 배우는 것과 같다.

패트리샤 노리스

시간에 구애받지 않고 언제나 할 수 있는 명상이 있다면

그것은 '커피 한 잔 명상'일 것입니다.

커피 한 잔을 준비해보세요,

의식적으로 조용한 가운데서.

우선 커피 뚜껑을 열고 그윽한 향을 느껴봅니다.

이제 커피를 끓이는 데 필요한 재료를 모두 가져와서

맛있는 커피를 만듭니다.

잔에다 커피를 따르세요.

그런 다음 잔을 들고 조용한 탁자로 가서 앉은 뒤
커피 잔에 관심을 집중합니다.
원한다면 우유나 설탕을 약간 넣어도 좋겠죠.
그 둘이 커피에 서서히 녹아드는 과정을 지켜보세요.
그윽한 커피 향을 한껏 들이마셔도 보고 말예요.
커피를 한 모금 마신 뒤,
몸이 온기와 새로운 에너지로 채워지는 것을
느껴보세요.
원하는 동안만큼 의식적으로 커피를 마십니다.
다 마셨으면 심호흡을 하고 나서 잔을 치운 다음,
다시 당신을 기다리고 있을 일상으로 돌아갑니다.

나무, 흙, 물, 공기, 주변 사람들, 그리고 자기 자신을 사랑할수록

삶의 자연스런 흐름 속에서

더 건강하게 살 수 있다.

칼 사이몬튼

우리가 살고 있는 이 땅이 건강해야만,
사람도 건강해집니다.
땅에는 위대한 자연의 조화로움이 있지요.
사람은 단지 그것의 작은 일부일 뿐이고요.
땅은 사람이 필요하지 않을지라도
사람에게는 땅이 필요합니다.
우리는 단지 이곳의 객일 뿐입니다.
그러니 손님으로서의 예의를 지켜야 하죠!

우리에게는

땅이 너그러이 베푸는 선물이 필요합니다.

숨 쉴 수 있는 맑은 공기,

마시고 씻을 수 있는 깨끗한 물,

먹을 수 있는 양식,

그리고 생물이 나서 자랄 수 있게 하는

햇빛과 같은 것들이죠.

이곳을 사랑하자고요.

그러면 우리도 건강해져요.

더이상 황폐하게 하지 말고 잘 보살피는 거예요.

환경을 보호하는 것은

건강을 보호하는 것과 같습니다.

그 두 가지는 불가분의 관계니까요.

꿈을 실현시키기 위해서는

깨어 있어야 한다.

리처드 다이아몬드

꿈을 이룬다는 것은 정말 어려운 일입니다.

일상이 우리를 꽉 붙잡고 놓아주지를 않으니까요.

꿈은 마치 다른 세상에 속한 것 같습니다.

'살아보지 않은 삶'이니까요.

만약 모든 것이 지금과 같지 않다면 어찌겠어요?

아직 살아야 할 삶이 많습니다.

꿈이 부르는 소리에 귀를 기울일수록,

지금까지 우리를 잡고 있던 일상에서

일찍 빠져나올 수가 있습니다.

그것은 서서히 되는 것이 아니라,

용감하고 크게 한 발짝 내디딜 때야 비로소 가능합니다.

그렇게 한 연후에는

아직 이루어야 할 꿈들이 많이 남아 있다는 것을,

내면에는 유쾌하고 자유롭고 근심이 없는,

나 자신과는 사뭇 다른 누군가가 내주해 있음을,

지금까지와는 달리 더 단순하지만

그만큼 더 열정적으로

나라는 존재에 걸맞은 삶을 살 수 있다는 것을

갑작스레 깨닫게 될지도 모릅니다.

뭐든 가능합니다.

꿈을 밤에서 낮으로 옮겨오기만 한다면 말입니다.

앞으로 어떻게 될지 알고 싶다면,

혹은 진정 원하는 것이 무엇인지에 대해 확신이 없다면

내면의 목소리에 귀를 기울여서 해답을 찾아내야 할 것이다.

이렇게 자문해보기만 하면 된다.

"지금 옳다고 여겨지는 것은 뭘까? 내가 정말 좋아하는 것은 뭘까?"

샥티 거웨인

늘 당신 곁에 있어주는 누군가가 있습니다.

무엇이 당신에게 옳은지

당신보다 먼저 알고 있는 사람,

바로 내면의 조언자입니다.

영혼의 지혜는 내면 깊숙한 곳에 살고 있습니다.

단지 우리가 그것을 인식하지 못할 뿐이죠.

일상의 소요 속에,

이성이 만들어내는 두려움 속에 파묻혀 있으니 말예요.

필요할 때마다 늘 달려와
중재해주는 사람이 있어야 합니다.
저 내면의 조언자는 여러 가지 형태로,
예컨대 꿈을 꾸거나 명상할 때 나타납니다.
혹, 꿈에서
당신에게 길을 가리켜주는 현자를 보거나
생면부지의 사람이
당신에게 조언을 해주었을 수도 있어요.
수호천사나 커다란 곰,
든든한 방패막이가 되는 남자,
용감한 여자의 모습으로 나타날 때도 있고요.
어쨌든
이게 바로 내가 나에게 주는 도움이구나,
하는 느낌이 들 거예요.
영혼의 강한 힘이 당신을 이끌어주는 것이죠.

뜨거운 화로에 손을 대면 안 된다는 것을

손을 데어봐야 알듯이,

내적 고통을 겪은 뒤에야

영혼을 지키는 법을 배우게 된다.

해리엇 골드허 러너

겉에 난 상처보다
마음에 난 상처가 더 쓰라린 법입니다.
액자를 걸려고 망치로 못을 박다가
손가락이 다친 것도 아프긴 하겠죠.
하지만 진정 아플 때는,
바로 누군가가 당신의 가슴을
아프게 했을 때일 것입니다.
심장은 고통에 가장 민감한 기관입니다.

무너져 내리기 쉽지요.

예컨대

사랑하는 사람이나 가족이 우리 곁을 떠났을 때,

자녀가 아프다거나 괴로워할 때,

믿었던 친구가 뒤통수를 쳤을 때,

꿈이 산산조각 나버렸을 때

우리는 깊은 상실감에 빠져듭니다.

상처는 항상 예기치 않은 순간에 받게 되며

상처받은 그 마음은

아무리 애써도 잘 감춰지지 않습니다.

그러나 점차 영혼은 강한 방패막이를 갖게 될 거예요.

그리하여 더이상 상처 따위에

무너져내리지 않을 것입니다.

더 강해지는 거죠.

감사해요, 그대

-카렌 허시

우리는 서로의 사랑과 우정으로 축복을 받아왔어요.
나도, 내가 썼던 어떤 글도
당신이 나의 삶에 새겨준 변화를 나타내주지 못해요.

당신이 내게 주었던 행복과 깊은 사랑,
감사 그리고 이해를
나는 당신을 생각할 때마다 느껴요.

당신은 내게 물었지요.
당신과 함께 무엇을 하고 싶냐고.
난 아무것도 바라지 않아요.
당신이 내게 소중하듯

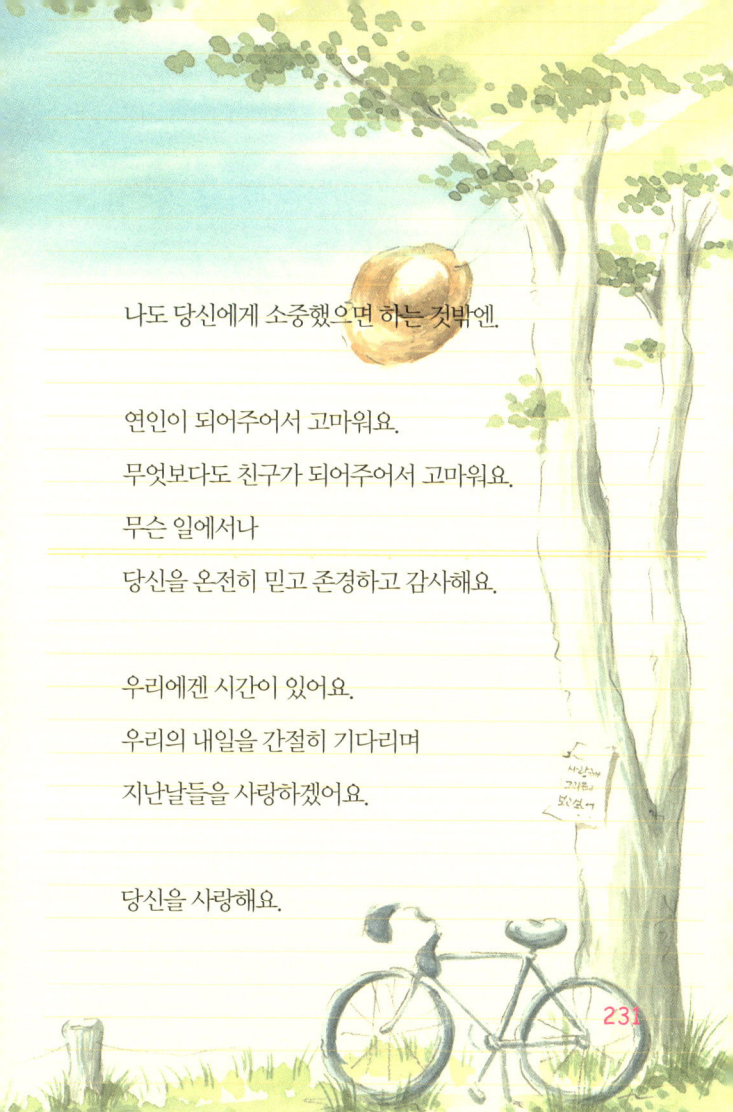

나도 당신에게 소중했으면 하는 것밖엔.

연인이 되어주어서 고마워요.
무엇보다도 친구가 되어주어서 고마워요.
무슨 일에서나
당신을 온전히 믿고 존경하고 감사해요.

우리에겐 시간이 있어요.
우리의 내일을 간절히 기다리며
지난날들을 사랑하겠어요.

당신을 사랑해요.

마음에 감동한 편

캐나다의 대실업가 노리오 로이 크람프는 처음부터 실력을 인정받지는 못했다.

크람프가 캐나다 태평양 철도회사에 역부로 입사한 것은 16세때였지만 말단에서 관리직인 부지배인으로 승진된 것은 43세 때의 일이었다.

크람프는 27년이라는 오랜 시간 동안 개찰 안내라는 최말단 하위직에서 일했던 것이다.

당시 태평양 철도회사에서 크람프처럼 오랫동

안 말단에서 근무한 사람은 단 한 명도 없었다. 보통 10년 내지 15년이면 간부직으로 승진을 한 것이다. 아무리가 그가 초등학교를 졸업한 저학력자라는 사실을 감안한다고 해도 27년은 정말 어마어마한 세월이었다.

그래서 크람프는 동료뿐만 아니라 한참 나중에 들어온 후배들로부터도 추월을 당하여 그들을 상사로 모셔야 했다.

어느 날 아주 새파란 후배가 크람프의 상사로 부임되었다.

크람프의 직장 동료들과 후배들은 아마도 기분이 상한 크람프가 다음날 회사에 나오지 않을 것이라고 수군거렸다.

그러나 다음날, 크람프는 제일 먼저 출근하여 개찰대에 버젓이 서 있었다.

그렇게 세월이 흘러 크람프가 43세 되던 때, 드디어 부지배인으로 발탁되었고, 차츰 자신의 실력을 인정받

아 두각을 나타내기 시작했다.

    그 후 크람프는 본사 총무부장, 동부지구 부지배인을 거쳐 2년만인 45세 때에는 상무로 승진, 56세 되던 해에는 당당히 태평양 철도회사의 사장에 올랐다

    크람프는 이렇게 회고한다.

    "다만 나는 완행열차를 타서 지금은 느리게 달리지만 언젠가는 종착역에 도달할 것이라고 스스로를 타일렀습니다. 그래서 치밀어오르는 분노와 불만을 꾹 참으며 나보다 어린 상사들이 시키는 일과 맡은 직무에 성실할 수 있었습니다. 그리고 결코 나는 신념이라는 용기를 잃지 않았습니다."

마음에 감동한 편

일개 신문팔이 소년에서 출발하여 세계 최고의 대발명가가 된 에디슨의 발명품들은 그의 천재적 재능에 의한 것이라기보다는 피나는 노력에 의한 결과라고 하는 편이 옳다.

그는 뭔가 새로운 발명을 시작하면 며칠이고 연구실에 틀어박혀 침식도 완전히 잊은 채 연구에만 몰두했다. 부인이 심혈을 기울여 만든 식사도 연구실 책상 위에 식은 채로 놓여 있기 일쑤였다.

어느 날, 그의 친구가 이제 막 학교를 졸업한 아들을 데리고 찾아와 그에게 부탁했다.

"지금부터 세상에 나가야 할 이 아이에게 어떤 마음을 가져야 할지 얘기 좀 해주지 않겠나?"

에디슨은 흔쾌히 친구의 아들과 악수를 나눈 뒤, 연구실에 걸려 있는 커다란 시계를 가리키며 말했다.

"결코 시계를 보지 말 것. 이것이 젊은 사람들에게 들려주고 싶은 가장 중요한 나의 충고일세."

어떤 한 가지 일을 이루려고 하는 자는 그 목적을 달성할 때까지 그것에만 전념, 정진하여 모든 것을 잊으라는 의미임은 말할 필요도 없다.

Baltasar Gracián

세상을 보는 올바른 눈을 지니라. 무언가를 보고 있다 해서 늘 눈을 뜨고 있는 것은 아니다. 주변을 둘러본다고 해서 그것을 제대로 관찰하는 것도 아니다. 어떤 이들은 더이상 볼 것이 없을 때가 되어서야 보기 시작한다. 그들은 제정신을 차리기 전에 이미 자기가 가진 전 재산을 잃어버린다. 의지가 결여된 지성에게 무언가를 가르치기는 어렵다. 지성이 결여된 의지에게 무언가를 가르치는 것은 더더욱 어렵다.

Baltasar Gracián

인생을 현명하게 배분할 줄 알라. 휴식이 없는 삶은 여관에 들르지 않고 긴 여행을 하는 것만큼이나 고단하다. 그러나 어쨌든 다양한 지식은 커다란 기쁨을 안겨준다. 그러니 인생이라는 여행 첫날에는 이미 세상을 떠난 자와 교감을 나누라. 삶의 목적은 무언가를 배우고 우리 자신을 아는 것이다. 그러기 위해 진리가 담긴 책들을 읽고 참된 인간으로 성장해야 한다. 여행 둘째 날은 살아 있는 자들과 함께 보내라. 세상의 좋은 것들을 모두 보고 마음에 새기는 것이다. 한 나라 안에서 모든 것을 다 볼 수는 없다. 세상이라는 아버지는 자기가 지닌 재산을 여러 곳에 나누어서 두었다. 가장 못난 자식에게 가장 많은 것을 주기도 했다. 여행 셋째 날은 자기 자신과 함께 시간을 보내라. 철학적 사유야말로 인생의 가장 큰 기쁨이다.

마음에 감동한 편

19세기 초엽, 유물적인 사상이 사상계를 지배하게 되었는데, 미국의 에머슨은 그것에 정면으로 반대하고 이상주의를 주창하며 크게 활약했다. 에머슨은 말년에 콩코드에 살면서 독서에 심취했는데, 그 때문에 '콩코드의 철인哲人'이라 불리며 존경을 받았다.

어느 날, 한 사람이 찾아와 그에게 물었다.

"독서를 하는 데 중요한 것이 무엇인지 가르쳐주시지 않겠습니까?"

그러자 에머슨이 대답했다.

"독서에 대해서 나는 세 가지 원칙을 가지고 있다네. 첫 번째는 출판된 지 적어도 일 년이 지난 책이 아니면 읽지 않는다, 두 번째는 이미 이름이 알려진 책이 아니면 읽지 않는다, 세 번째는 좋아하는 책이 아니면 읽지 않는다라네. 셰익스피어는 즐거움이 없는 곳에는 이익도 없다고 말했는데 독서도 마찬가지지. 자신의 취향에 따라서 좋아하는 책을 읽는 것이 중요하네."

Baltasar Gracián

타인의 취향을 간파하라. 그렇지 않으면 남들에게 즐거움을 주기보다는 짜증만 안겨준다. 어떤 이에게는 아첨이 될 만한 것이 다른 이에게는 멸시가 된다. 그런가 하면 예의를 차리기 위해서 한 행동이 모욕이 되기도 한다. 기쁨을 안겨주기 위해 들이는 수고보다 불쾌감을 안겨주는 데에 더 큰 수고가 들 때도 많다. 상대방의 취향을 알지 못하면 그 사람에게 만족을 주기도 어렵다. 칭찬이라고 한 것이 비난이 돼버리고 결국 처벌만 돌아오는 경우가 있다. 그런가 하면 나는 유쾌한 대화로 즐거운 분위기를 유도했다고 믿지만 상대방은 내 수다 때문에 고문만 당했다고 생각하는 경우도 있다.

Baltasar Gracián

내게 모자라는 부분을 파악하라. 몇 가지 점만 개선하면 뛰어난 사람이 될 수 있을 것 같은 이들이 있다. 예컨대 그들에게는 진지함이 결여되어 있어 나머지 뛰어난 재주들에 그늘을 드리우는 식이다. 온화함이 부족한 이들이 있는가 하면 실천력이 결여된 이들도 있고 겸손함을 찾아볼 수 없는 이들도 있다. 이 모든 해악은 자기 자신을 제대로 파악하기만 하면 근절시킬 수 있다. 신중함은 습관을 제2의 천성으로 바꿀 수 있기 때문이다.

마음에 **감동**한 편

 미국 샌디에이고 교외의 어느 저택에 전화가 한 통 걸려왔다.

 "엄마, 저예요. 저 지금 돌아왔어요."

 전화 저편에서 들려오는 목소리는 분명 전쟁에 참여했던 아들의 목소리였다.

 밤낮을 가리지 않고 아들이 살아서 돌아오기만을 기도해온 어머니는 아들의 목소리를 듣고는 그만 울음을 터뜨렸다.

 "엄마, 울지 마세요. 전 괜찮아요. 그런데 엄마,

친구를 한 명 데리고 왔어요. 그 친구는 몹시 다쳤어요. 하지만 딱하게도 갈 집이 없어요. 그래서 우리와 함께 살았으면 좋겠어요."

어머니는 눈물을 훔치며 말했다.

"그래, 그러자. 우리와 당분간 같이 살자꾸나. 지금 어디 있니? 빨리 오거라."

그러나 아들은 어머니에게 당분간이 아니라 늘 함께 살고 싶다고 말했다.

어머니는 한 1년쯤 함께 사는 것은 괜찮다고 말했다. 그러자 아들은 절망적인 목소리로 말했다.

"엄마, 나는 그 친구와 영원히 함께 살고 싶어요. 그 친구는 몹시 불쌍한 친구예요. 외눈에 외팔에 다리도 하나밖에 없다구요."

몇 년 만의 통화였지만 어머니는 감정을 억제하지 못하고 벌컥 화를 내며 말했다.

"얘야, 너는 너무 감상적이구나. 넌 지금 전쟁터에서

돌아왔어. 그 친구는 결국 너한테 짐이 되고 말 게다."

"짐이 된다구요?"

아들은 어머니가 채 말을 잇기도 전에 전화를 끊어 버렸다.

어머니는 애타는 마음으로 아들의 소식을 기다렸지만 하루 이틀이 지나도 연락은 오지 않았다.

그러던 어느 날 해군본부에서 전보 한 장이 날아들었다. 그것은 아들이 샌디에이고 호텔 12층에서 뛰어내려 자살했다는 내용이었다.

아들의 시체가 집으로 운구되어 오던 날, 어머니는 깜짝 놀라 그만 쓰러지고 말았다. 그 아들은 외눈에 외팔에 외다리였던 것이다.

내가 지금 당신을 사랑하는 것은

-로이 크로프트

내가 당신을 사랑하는 것은
지금 당신이 당신이기 때문에도 그렇지만
당신 곁에서 내가
또 다른 나로 변하기 때문입니다.

내가 당신을 사랑하는 것은
내 삶의 목재로 헛간이 아니라 신전을 짓도록,
내가 날마다 하는 일을 꾸중함이 아니라
노래가 되도록 도와주기 때문입니다.
내가 당신을 사랑하는 것은
어떠한 신앙보다도 바로 당신이
나를 더욱 선하게 만들었고

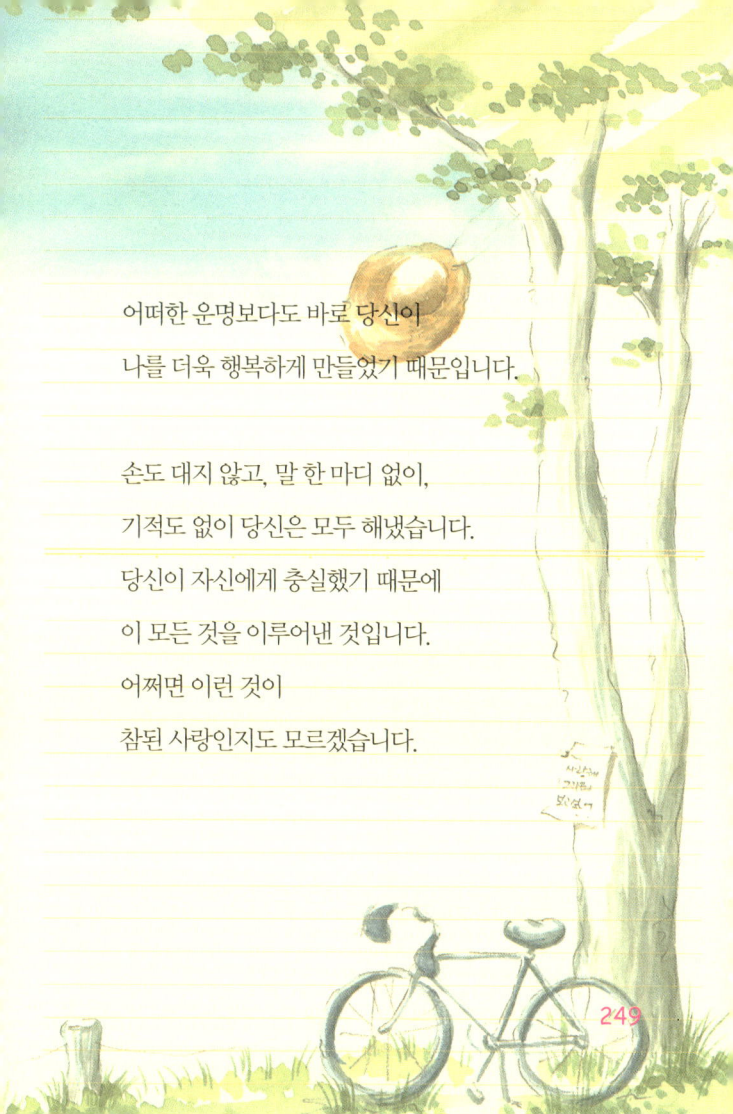

어떠한 운명보다도 바로 당신이
나를 더욱 행복하게 만들었기 때문입니다.

손도 대지 않고, 말 한 마디 없이,
기적도 없이 당신은 모두 해냈습니다.
당신이 자신에게 충실했기 때문에
이 모든 것을 이루어낸 것입니다.
어쩌면 이런 것이
참된 사랑인지도 모르겠습니다.

한 종교의 중심을 파고들면,

모든 종교의 중심에 서게 된다.

마하트마 간디

가끔은 조용한 성당이나

그 밖에 힘을 얻을 수 있는 장소로 가보세요.

혹 당신이 대도시에 살고 있거나 방문 중이라면,

그것은 다른 세상으로 한 발짝 물러서는

경험이 될 것입니다.

많은 기도원들과 수도원들이

문을 활짝 열어놓고 찾아오는 사람들을 반깁니다.

불교 사찰이나 유대 사원들도 마찬가지고요.

거리의 소음에서 벗어나 기도하러 들어서면,
그곳의 고요함 때문에
마음이 평온해짐을 느낄 수 있을 겁니다.
옷을 차려입고 가서 경건하게 행동하세요.
그러면 당신이 설령 그곳의 관례를 모를지라도
언제든 환영받을 테니까요.
주변의 경건한 분위기에 젖어들어 보세요.
어쩌면 초에 불을 붙이고
잠시 동안 묵상을 해보고 싶을지도 모르겠네요.
당신은 종교와는 아무런 상관이 없는 사람이라고요?
그래도 금빛으로 빛나는 성인들의 그림이나 찬송가,
소박한 건축양식, 불상 앞에 놓인 화려한 꽃들과 향내는
좋아할지도 몰라요.
아니면 그저 조용하고 경건한 것을 좋아하거나요.
경건한 장소를 찾아가면
마음이 평안하고 침착해집니다.

꿈은

영혼이

당신에 대해 기록하는 책에서 나온 그림이다.

마샤 노먼

종이에다 무엇인가를 기록하는 것은,

생각과 감정을 분명히 하는 데 무척 도움이 됩니다.

크고 예쁜 노트를 하나 구입하세요.

그리고 아무도 못 찾아낼 집 안 구석을 물색해놓습니다.

일기장은 오로지 당신만의 것이어야 하니까요.

거기에다가 그림을 그리고 스케치를 하거나

잡지에서 오려낸 예쁜 사진들을

붙여 넣을 수도 있을 것입니다.

애지중지하는 연애편지들을 끼워둘 수도 있고요.
일기장과 연필을 들고 당신의 내면에 집중해보세요,
시간을 충분히 들여서.
그런 다음, 떠오르는 것이 뭐든
그것을 모두 적어 넣습니다.
그리고 내일은 무엇을 해야 재미있게 보낼 수 있을까
곰곰이 생각하는 것으로 마무리 짓습니다.
나중에 일기장을 넘겨 볼 때에도
분명 도움이 될 거예요.
즐거웠던 때, 진정 행복했던 때를
기억해낼 수 있으니까요.
어제보다 오늘,
자기 자신에게 좋은 일을 더 많이 하는 것은
이토록 간단합니다.

매일 몇 분간 근심하면,

순식간에 몇 년의 세월을 보내게 된다.

맞지 않는 것이 있다면 풀어라.

하지만 자신을 더이상 미치게 하지는 말아라.

걱정한다고 달라지는 것은 없다.

메리 헤밍웨이

삶에 대해 긍정적인 태도를 가지고자 노력해보세요!
화, 근심, 두려움 등은
오늘이 얼마나 아름다운 날인가를
깨닫지 못하게 할 뿐입니다.
세상은 본래 수천 가지의 화려한 색들로 가득하건만,
당신에게는 온통 회색빛만 보이지요.
다음에 혹시 화가 나거나
좋지 않은 기분으로 주변을 헤매고 있는

자신을 발견하게 된다면,
속으로 '정지신호'를 보내고
당장 그날을 즐기자고 결심해보는 겁니다.
즐거운 마음과 기대감은,
배워서 터득할 수 있는 삶의 자세입니다.
그리고 그럴 만한 가치도 있습니다.
당신의 삶이 더 밝고 가벼워질 테니까요.

한 가지 일을 시작하면,

예상치 못했던 시련이 닥칠 것을 염두에 두어야 한다.

한 가지만을 똑똑히 보라.

그것이 바로 당신의 목표다.

목표를 직시하고 어떤 일이 닥치든 상관 말고 목표를 향해 전진하라.

캐슬린 노리스

중요한 결정을 내린다는 것이 얼마나 어려운지…….

하지만 결정한 것을 실행에 옮기는 것이 더 큰 문제죠!

이론에는 어쩔 수 없이 실제가 따르니까요.

일단 결정한 것에 대해서는 뿌듯해하겠지만

석 달만 지나면 세상이 완전히 다르게 보일걸요?

기대했던 것만큼 빨리 새 직장을 얻지 못한다거나,

생각보다 자기개발이 힘들다면 말이죠.

그런 순간에 우리는

가던 길에 무기력하게 풀썩 주저앉아버립니다.

그러고는 이런 생각을 하죠.

"난 아무것도 못 해!"

더이상 신문을 들여다보지 않고

배움을 포기해버립니다.

그리고 백마 탄 왕자가 '짠' 하고 나타나

모든 문제를 해결해주기 바라죠.

미안하지만, 백마 탄 왕자 따윈 없습니다.

방법은 오직 하나, 가던 길을 계속해서 가는 것입니다.

털썩 앉아만 있다고 일이 해결되진 않습니다.

새로운 길을 이제 막 걷기 시작했다면

아직 끝을 알 수 없는 거잖아요.

목표가 분명하다면

장애가 와도 극복할 수 있을 거예요.

다른 사람이 바라는 내가 아닌,

나 자신이 되라.

나를 사랑하라.

사랑은 삶을 충만케 해줄 것이다.

마릴린 다이아몬드

주로 피곤할 때 사람들은

지금 하고 있는 일에 회의를 품게 됩니다.

내가 하는 일이 대체 어떤 의미가 있을까?

그 일이 대체 누구에게 중요한 거지?

내가 아닌 누구라도 할 수 있는 일이 아닐까?

누구나 그렇듯 우리도 인정받고 싶어 합니다.

세상에 태어난 만큼

뭔가 의미 있는 일을 하고 싶어 하죠.

작은 일이라도 내가 아니면 할 수 없는
특별한 일로 세상에 한몫하고 싶은 것이
사람의 마음입니다.
그런데 실상은 이렇습니다.
우리는 이미 그러한 일을 하고 있다는 거죠.
세상에 존재한다는 것, 그것만으로도 말입니다.
굳이 대단한 일을 할 필요는 없어요.
전 세계 70억 인구 모두가 하나같이 특별합니다.
우리가 세상에 존재하지 않게 될 그날이 되면,
세상에 내어줄 수 있는 것이 사라집니다.
우리를 사랑하는 사람들이 중요하게 생각하는 것은
단 한 가지예요.
우리가 있어주는 것,
그래서 저들의 인생을 사랑으로 채워주는 것,
그것뿐입니다.
우리가 '존재함'만으로도 족합니다.

사랑하는 그대에게

-E. 뫼리케

그대를 그저 가만히 바라보노라면

그대의 아름다움에 취해 있노라면

나는 느낄 수 있습니다,

그대의 마음속에 천사가 숨쉬고 있다는 것을.

그러면 나는

그저 사랑의 위대한 의문에 휩싸인 채

행복에 겨운 미소를 가득 머금은 채

꿈을 꾸고 있는 듯한 환상에 빠져듭니다.

사랑에 빠진 내가

하늘을 향해 눈길을 보내면

온갖 별들이 미소를 짓고

나는 조용히 그 별빛 바라보며

무릎 꿇을 뿐입니다.

마음에 감동 한 편

한 소녀가 도쿄의 어느 호텔에서 일하게 되었다. 그녀에게는 첫 번째 직장이었기 때문에 소녀는 의욕이 넘쳤다.

'난 꼭 잘해낼 거야!'

그때까지만 해도 소녀는 자신이 화장실 청소를 하리라고는 꿈에도 생각지 못했다. 아무리 의욕에 차 있다 해도 냄새나고 더러운 화장실 청소가 반가울 리 없었다. 화장실 청소를 좋아하는 사람이 세상에 어디 있겠는가? 더러운 것을 보고 지독한 악취를 맡는 것도 힘들었지만 체력적으로도 감당하기 어려웠다. 희고 부드러운 손을 변기 안으로 집어넣을 때면 속이 울렁거려 토할 것만 같았다.

'새 변기처럼 깨끗하게 닦는다!' 라는 것이 모토일 만큼 회사는 화장실 청결에 매우 깐깐했다. 소녀가 메슥거림을 참지 못하고 뛰쳐나오려고 할 때, 갑자기 회사 선배가 화장실에 들어오더니 소녀가 쥐고 있던 수세미를 뺏어들었다. 그녀는 변기를 새것처럼 반질반질하게 닦고는 변기 안에 있는 물을 떠 마시는 게 아닌가.

'아니! 변기의 물을 마시다니!'

소녀는 눈이 휘둥그레졌다. 게다가 선배의 표정에서는 그 어떤 거부감도 없었고 매우 자연스러워 보였다.

백 마디 말보다 한 번의 행동이 더 효과가 큰 법. 과연 소녀도 그런 선배의 행동 앞에서 절로 고개가 숙여졌다. 선배는 말 한 마디 없이 가장 기본적이고도 중요한 진리를 소녀에게 깨우쳐주었다. '새 변기처럼 깨끗하게 닦는다!'는 회사의 규정은 바로 변기의 물을 마실 수 있을 정도로 깨끗하게 닦아야 한다는 것이었다.

소녀의 눈에는 뜨거운 눈물이 그렁그렁 맺혔다. 놀람과 동시에 소녀는 자신이 진정으로 무엇을 해야 하는지를 깨달았다. 소녀는 주먹을 불끈 쥐며 결심했다.

'그래! 내 평생 화장실 청소만 하고 살아야 한다면 이왕 하는 거 화장실 청소 분야에서 최고로 손꼽히는 전문가가 되자!'

그때부터 소녀는 완전히 다른 사람이 되었다. 소녀의 실력은 마침내 소녀를 깨닫게 해준 선배의 수준에까지 이르렀다. 당연히 소녀도 자신의 능력을 시험하고 소명 의식을 고취시키기 위해 숱하게 변기 속 물을 마셨다. 소녀는 아름답고 의미 있는 삶을 향해 그렇게 한 발 한 발 앞으로 나아갔다. 그리고 몇십 년 후, 소녀는 일본 정부의 우정상郵政相이 되었다. 그녀가 바로 노다 세이코다.

마음에 감동한 편

유아교육의 창시자 프뢰벨은 스무살 때 아버지를 잃은 뒤 측량기사 일도 하고 회계직에도 종사하면서 독일 각지를 방랑했다. 처음부터 교육자가 되려고 마음먹었던 것은 아니었으나, 언제나 과연 나의 천직은 무엇일까? 하고 진지하게 생각하고 있었다.

그런데 프랑크푸르트에서 건축일을 도와주고 있을 당시 우연한 기회에, 페스탈로치의 교육주의를 수용하여 진보적인 교육을 하고 있던 한 학교의 교장을 알게 되었다.

　교장은 열심히 일하는 프뢰벨을 보고 말했다.

"자네는 건축가가 아닌 교육자로서 적임일세."

　그러고는 자기 학교의 교사로 채용했는데, 생각지도 못했던 이 기회가 프뢰벨의 생애를 결정지었다.

　2년 후, 교장이 알고 지내던 부호의 세 아들의 교육을 맡게 된 프뢰벨은 그 아이들을 데리고 페스탈로치의 학교로 들어가 교육자로서의 자질을 연마했다.

Baltasar Gracián

잊을 줄 아는 사람이 되라. 이 능력은 기술이라기보다는 행운에 가깝다. 우리는 가장 잊어버려야 할 일을 가장 잘 기억한다. 기억력은 단지 우리가 무언가를 절실히 필요로 할 때에만 우리를 배반하는 게 아니다. 전혀 필요 없을 때 가장 잘 발휘된다는 멍청함도 기억력이 지닌 특성에 속한다. 기억력은, 생각하면 얼굴만 화끈거리는 일에서는 최고의 상세함을 자랑하고 자꾸만 떠올리고 싶은 일에서는 최고의 나태함을 자랑한다.

Baltasar Gracián

현명한 자는 멍청한 자가 마지막에 가서야 처음에 할 일을 한다. 두 경우 모두 하는 일은 똑같다. 언제 하느냐 하는 시점에 차이가 있을 뿐이다. 그러나 현명한 자는 적당한 시기에 일하고 멍청한 자는 그릇된 시기에 일한다. 이성이 뒤죽박죽이 된 상태에서 일을 시작한 자는 끝까지 뒤죽박죽인 상태로 밀어붙인다. 바른 쪽과 그릇된 쪽을 분간하지 못하고 매사를 그릇된 쪽으로 몰아간다. 그런 이가 올바른 길을 가게 만드는 방법은 한 가지밖에 없다. 올바른 길로 가도록 강요하는 것이다. 그러나 조금만 생각하면 누가 시키지 않아도 자발적으로 그 길을 갈 수 있을 것이다.

마음에 감동한 편

독일 북부에 위치한 아이제나흐에서 태어난 바흐는 어렸을 때 부모를 잃어 열다섯 살 무렵부터는 혼자 힘으로 삶을 꾸려나가야 했다.

형에게서 음악의 기초를 배운 바흐는 재능이 매우 뛰어났으며, 특히 한 번 하겠다고 마음먹으면 무슨 일이 있어도 자신이 생각한 대로 해내고 마는 성격이어서 아무리 어려운 곡이라도 처음부터 끝까지 외워서 연주를 했다.

그러던 어느 날, 함부르크에서 네덜란드의 유

명한 오르가니스트 라인켄의 연주회가 있다는 사실을 들은 바흐는 60킬로미터나 되는 길을 걸어서 연주를 들으러 갔다. 그 정도로 그는 공부만을 생각하고 열심히 노력했다.

그러한 노력으로 바흐는 뛰어난 오르간 연주자가 되었으며, 32세 때에는 라인켄 앞에서 연주를 했는데, 한 번도 남을 칭찬한 적 없는 독설가 라인켄도 그의 실력에 감동하여 눈물을 흘리며 절찬했다고 한다.

더불어 바흐는 작곡가로서도 유명해져 종교적인 깊이를 가진 수많은 명곡들을 남겼다.

"어떻게 해야 당신처럼 명곡을 만들 수 있습니까?"

누군가 물으면 바흐는 이렇게 대답했다고 한다.

"어려울 것 없습니다. 내가 한 만큼 누구나 공부하고 노력을 기울인다면 이 정도는 해낼 수 있습니다."

Baltasar Gracián

어떤 분야에 대해서든 아는 것이 얼마 되지 않을 때에는 확실한 것에만 매달리라. 그러면 조예가 깊다는 소리는 못 들어도 철저하다는 말은 들을 수 있다. 아는 것도 얼마 되지 않으면서 위험을 감수하는 것은 스스로 멸망의 길에 들어서는 것이다. 그럴 때에는 차라리 안전한 편을 택해야 한다. 이미 입증된 확고한 사실이라면 틀림없기 때문이다. 아는 것이 많지 않을 때에는 이 방법이 왕도다. 또 어떤 분야에 대해 많이 알건 조금 알건 항상 안전한 편을 택하는 것이 남들과 전혀 다른 의견을 내놓는 것보다는 현명한 처사다.

Baltasar Gracián

품위를 손상시키지 않는 일이라면 남들과 함께 동참하라. 너무 중요한 인물이 되지도 남들이 다 혐오하는 인물이 되지도 말아야 한다. 이는 고결한 인품을 지니기 위한 길이다. 대중의 호감을 사기 위해 때로는 체면도 조금 포기해야 한다. 남들이 다 좋아하는 것이라면 자기도 때때로 좋아해야 한다는 뜻이다. 그러나 품위 없는 일까지 좋아할 필요는 없다. 그랬다가는 오랜 기간 동안 노력해서 쌓은 명예를 한순간의 즐거움으로 날릴 수 있다. 그러나 어떤 일에서 늘 발을 빼기만 해서는 안 된다. 독단적 태도는 결국 나머지 사람 모두를 비판하는 것이 되기 때문이다. 우아한 척하는 것은 더더욱 좋지 않다. 그 일은 우아한 척해야 하는 성별을 지닌 자들에게 맡기는 편이 좋다. 종교적 문제에서도 우아한 척하는 것은 조롱만 살 뿐이다.

마음에 감동한 편

젊은 화가가 있었다. 그는 열심히 노력하지도 않거니와, 일을 건성건성 하는 나쁜 버릇이 있었다. 그래서 그의 그림은 화랑에 걸어놓아도 사람들의 관심을 얻지 못했다. 결국 그는 자신의 그림에 많은 영향을 준 독일의 유명 화가 아돌프 멘첼을 찾아갔다.

젊은 화가가 멘첼에게 물었다.

"저는 한 작품을 그리는 데 하루도 걸리지 않아요. 하지만 그리는 속도는 이처럼 빠른데 그림이

팔리지 않아 고민입니다. 한 작품을 팔려면 보통 1년을 넘게 기다려야 하거든요. 그런데 선생님의 작품은 완성되자마자 금방 팔리잖아요. 게다가 사람들은 선생님의 그림을 사기 위해서라면 1년도 마다하지 않고 기다리구요. 그 비법이 무엇입니까?"

멘첼은 한참을 아무 말도 하지 않고 생각하더니 젊은 화가에게 말했다.

"거꾸로 해보아라."

젊은 화가는 어리둥절했다.

"거꾸로 해보라구요? 도대체 그게 무슨 말씀이시죠?"

"말 그대로 거꾸로 해보라는 걸세. 자넨 하루 만에 그림을 그리고 1년이 넘도록 그 작품을 팔지 못하니, 거꾸로 1년이라는 시간을 투자해서 그림을 그리고 하루 안에 그림을 팔아보라는 말이야."

"네? 1년에 한 작품을요? 에이, 그건 너무 느리잖아요!"

젊은 화가는 가당치도 않다는 듯 고개를 저었다. 그러자 멘첼이 엄하게 꾸짖었다.

"무슨 소린가? 창작은 원래 어렵고 힘든 노동이야. 지금까지는 그 점을 경시했지만 내 말을 깊이 새겨듣고 이제라도 한번 실천해보게!"

젊은 화가는 멘첼의 충고를 받아들여 집에 돌아오자마자 기본 화법부터 다시 연마했다. 그리고 심사숙고하여 소재를 정하고 세심하게 관찰했다. 그러다보니 어느새 1년이 지났고 그는 작품 하나를 겨우 완성할 수 있었다. 그리고 멘첼의 말대로 그의 작품은 단 하루 만에 팔렸다.

그대를 위해

―이서진

그대가 그림을 그리면

나는 그대를 위해 집을 짓겠습니다.

넓지도 좁지도 않은 뜰 여기저기에

그대의 미소를 꼭꼭 심어두고

모진 세월 다가와도 빛 바래지 않게

벽돌 사이사이는

그대와의 추억으로 만들고,

창문은 그대 향한 나의 그리움으로 터놓아

더 크게 더 밝게 만들겠어요.

내 여린 가슴 위해서는 벽난로를 지어

더이상 찬바람이 들지 못하게 하고,

못내 아프고 슬펐던 마음을 위해 불을 붙여

태양처럼 밝고 따사롭게 만들겠어요.

집 앞 뜰에는 세상에서 제일 큰 사랑을 키우고

그대 들어오실 대문은

화려하지 않은

질기고 오랜 기다림으로 꼭꼭 엮어두고

그대 오시면 활짝 열어드릴게요.

살면서 만나는 사람들 중에

당신 곁에 가장 오래 있을 사람,

결코 떠나지 않을 사람,

잃지 않을 사람은

당신 자신이다.

조 쿠더트

당신이 건강해야 합니다.
신경을 쓰셔야죠,
잘 살도록 말예요!
가족이나 친구들이 탈 없이 지내고 있는지의 여부만
중요한 것이 아닙니다.
무엇보다 책임감을 갖고 돌봐야 하는 사람은
그 누구도 아닌 바로 당신 자신입니다.
스스로에게 얼마나 신경을 쓰고 있나요?

몸과 영혼이 다치지 않도록 조심하고는 있나요?

혹시

오로지 다른 사람들만 돌보고 있는 것은 아닌가요?

인생의 중심은 바로 당신 자신입니다.

다른 사람들은 모두 일정한 시간 동안만

당신과 생을 나눌 뿐이지요.

그저 잠깐 만났다가 헤어질 사람들입니다.

인생길을 온전히 곁에서 함께할 사람은

자기 자신밖에 없습니다.

스스로를 아끼세요.

다 잘 될 거야.

니나 루게

우리는 곧잘 계획을 세우거나 준비를 합니다.
그러나 막상 실행에 옮기고 보면,
예기치 못한 일과 맞닥뜨리게 되지요.
멀리 타국으로의 여행을 계획할 때보다
더 자기 자신에 대해 잘 알게 되는 계기는
없을 것입니다.
여행을 떠나기 전, 알고 있는 것은 단 한 가지뿐입니다.
즉, 그곳은 우리가 사는 곳과는

전혀 다를 것이라는 사실이지요.
무엇을 챙겨가나요?
혹, 배낭 하나 달랑 메고는,
'난 강해, 기운이 넘쳐.
어떤 상황에서도 잘 해내지 않겠어?'라고
느슨하게 생각하는 유형은 아닌가요?
아니면
모든 상황에 철두철미하게 대비하자는 심정으로
커다란 배낭에다 이것저것 꾸려가는 유형인가요?
하지만 결국, 생각했던 것과는 너무나 다르고
뭔가 빠진 것 같은 느낌이 들지는 않던가요?
삶이 바로 그렇습니다.
자기 생각과는 다르게 흘러가지요.
우리가 계획했던 것보다
훨씬 더 아름답고 흥미진진한 것이 삶입니다.

스스로를 존중할 줄 아는 사람은

남에게도 존중받는다.

윌리엄 해즐릿

이메일의 시대에 살고 있지만

가끔씩 우편함에 예쁜 엽서가 놓여 있다면

누구라도 기분이 좋을 겁니다.

당신도 그렇다고요?

그렇다면 사랑하는 사람에게 편지나 엽서를 써보세요.

편지를 쓰는 건 작품을 만드는 것과도 같습니다.

좋은 편지는 어떤 것일까요?

우선 지나치게 길어서는 안 됩니다.

받는 사람이 읽으면서 즐거워야지,
장문에 질식해서는 안 될 노릇이니까요.
두 장이면 충분합니다.
편지지가 예쁘다면 받는 사람의 기분이 더 좋겠죠?
줄 쳐진 연습장 뒤쪽에서
아무렇게나 찢어서 사용하지 말고요,
알록달록한 편지지나
특별한 엽서를 만들어보는 건 어떨까요.
백지 한 장이라도
모서리에 작은 그림을 그려넣거나
패션 잡지, 인테리어 잡지 등에서
계절에 맞는 사진을 오려 붙이면
한결 생동감을 더할 수 있지요.
우편함에 이런 편지나 엽서가 들어 있는 걸 보고
흐뭇해하지 않을 사람이 있을까요?

건강을 유지하고 몸에 해가 되지 않으려면

뭐든 적당히 해야 한다.

적당히 일하고, 먹고, 자고, 움직이고, 운동하는 것이다.

만약 모든 걸 극단에 치달을 정도로 한다면 허약해질 뿐이다.

강해지지 않는다.

마릴린 다이아몬드

문득 힘에 부친다는 생각이 든 적 있나요?

기운이 소진되어도 하던 것을 그냥 계속하나요?

일을 계속하고,

시내를 계속 쏘다니고,

함께하는 사람들이 끔찍해도 파티에 계속 남아 있고,

이것도 해야 하고 저것도 아직 남아 있고…….

마조히즘에 한번 빠지면 한도 끝도 없습니다.

어떤 일을 할 때

그만하면 딱 좋겠다 싶은 지점을
발견하지 못하기 때문이죠.
그래서 늘 해야 할 것보다 더 많은 일을 하다
결국 감당할 수 있는 한계를 넘어서고 맙니다.
그리 낯설게 들리지만은 않을 겁니다.
삶의 태도가 이렇다보면 병들게 마련입니다.
무엇을 하든 건강에 신경을 쓰셔야죠!
적절한 시기에 끝을 맺는 기술,
즉 몸이 아직 건강할 때에
일을 마무리할 수 있는 기술이 필요합니다.
피곤할 때,
당신은 어떻게 하시나요?

통증이 나타날 때

몇 시간 동안 절대적인 안정을 취할 수만 있다면

거의 모든 질병은 사라질 것이다.

에드워드 바흐

목덜미는 신체 부위 중에서 가장 예민한 부분입니다.

모든 중앙 신경섬유들이

이 좁은 길을 따라 뻗어 있지요.

스트레스를 받는지,

자세가 잘못되었는지,

추위를 느끼는지 등의 여부는

목덜미를 보면 금세 알아볼 수 있습니다.

목덜미가 뻣뻣하다면,

호랑이 연고를 척추 윗부분에

조금씩 나눠 발라보세요.

그러면 편안하고 따듯한 기운이 번질 거예요.

그리고 자기 전에 긴장 완화 운동을 해보세요.

우선 등을 침대에 똑바로 대고 누우세요.

베개는 치우시고요.

팔과 다리를 몸에 붙이세요.

조용히 호흡을 가다듬은 후,

침대에 누워

금방 잠들어도 된다는 생각을 하며 즐거워하세요.

이제 머리를 아주 느리게

왼쪽, 오른쪽으로 움직여보세요.

머리가 침대 매트에 닿는 부분을 느껴봅니다.

부드러운 감촉이 수그러들 때까지

그렇게 몇 번을 반복합니다.

그대를 사랑하는 이유

-오버그

그대를 사랑하는 이유가
몇 가지나 되는지 헤아려봐야 한다면
그 수가 너무 많아 온세상을 다 돌고도 남을 거예요
그대에 대한 나의 사랑을 말이나 글로 표현하라고 하면
그 말을 다하기도 전에 내 목은 쉬고
그 글을 다 쓰기도 전에 손가락이 곱고 말 거예요
게다가 저도 모르게 화가 나겠지요
그건 너무 힘겨운 일이니까요

하지만 그대를 향한 내 사랑에도 기적은 있어요
그건 바로
사랑하는 이유를 헤아릴 필요도 없고

설명할 필요도 없으며

멋진 말로 표현할 필요도 없다는 거예요

중요한 것은 그대가 나의 사랑을 알아준다는 거예요

우리가 서로 멀리 떨어져 있거나

마음이 산란하거나

서로 침묵을 지킬 때라도

내가 당신에게 사랑한다고 말하면

그건 내 마음속에서 우러나오는

끝없는 진심임을 알아주세요

사랑합니다

마음에 감동한 편

아노와 아루라는 동갑내기 젊은이가 동시에 같은 상점에 고용되었다. 그들은 같은 임금을 받고 일을 시작하였는데, 얼마 지나지 않아 아노의 임금은 올랐으나 아루의 임금은 그대로였다.

'뭐야, 같이 들어왔는데 왜 아노만 월급이 오른 거지? 생각할수록 기분 나쁘네.'

아루는 불만이 가득했다.

그러던 어느 날, 아루는 출근하자마자 사장에게 가서 불평을 털어놓았다. 사장은 아루의 불평을 듣고는 어떻게 하면 둘의 차이를 명확하게 설명해 줄 수 있을까, 고민했다. 잠시 후 사장이 입을 열었다.

"아루 군, 지금 당장 장에 가서 무엇을 파는지 한번 보고 오게나."

아루는 재빨리 장에 다녀와 사장에게 말했다.

"장에서 파는 것은 농부가 끌고 온 감자 한 무더기뿐입니다."

그러자 사장이 물었다.

"얼마나 있던가?"

아루는 다시 장에 다녀온 뒤 대답했다.

"전부 열 포대입니다."

"가격은 얼마던가?"

아루는 또다시 장에 다녀왔다.

"그만하면 됐네. 자, 이제 이쪽 의자에 앉게. 그리고 아노는 어떻게 하는지 잘 보게나."

사장은 아노를 장에 보내어 무엇을 파는지 보고 오

라고 했다. 아노는 재빨리 시장에 다녀와 사장에게 보고했다.

"지금 한 농부가 감자 열 포대를 팔고 있습니다."

아노의 보고는 거기서 그치지 않았다. 그는 이어서 감자의 가격을 말하며 직접 가져온 감자 한 개를 보여 주었다. 그리고 한 시간 후면 감자를 팔던 농부가 토마토 몇 상자를 싣고 올 것이라고 했다.

과연 한 시간이 지나자 농부가 토마토 상자를 수레에 싣고 나타났다. 아노는 전날 시장에 갔다가 싸고 맛있는 토마토를 발견하자 분명 사장이 사고 싶어할 것이라고 생각했다. 그런데 어제는 토마토가 너무 잘 팔려서 남은 것이 얼마 없었기 때문에 농부더러 오늘 다른 토마토를 가지고 오라고 했던 것이다.

사장은 아노의 말을 듣고서 아루를 돌아보았다.

"왜 아노의 임금이 자네보다 많은지 이제 알았나?"

마음에 감동 한 편

세계적으로 유명한 『걸리버 여행기』를 쓴 영국의 작가 조나단 스위프트는 참으로 파란만장한 생애를 보냈는데 그 성격도 괴팍스러워서 여러 가지 기행들이 전해지고 있다.

어느 날, 출판 인쇄업을 하고 있는 친구 포크너가 사치스러운 옷을 입고 아주 득의양양한 표정으로 그에게 찾아와 말했다.

"한동안 연락을 못했는데, 사실은 런던에 다녀왔다네. 돌아오는 길에 인사차 들렀네."

스위프트가 아주 이상하다는 표정으로 물었다.

"나는 자네를 모르겠는데 이름이 뭐지?"

포크너가 놀라 물었다.

"자네, 설마 나를 잊은 건가? 날세, 포크너."

하지만 스위프트는 그럴 리가 없다는 듯 말했다.

"아니, 그렇다면 자네는 틀림없이 포크너를 사칭하는 가짜겠지."

포크너가 곧 '아, 그렇군' 하고 깨닫고는 집으로 돌아가 평소 입던 검소한 옷차림으로 다시 찾아갔더니 스위프트는 매우 기쁘게 그를 맞아주었다.

"아, 자넨가? 조금 전에 말일세, 사치스럽고 꼴사나운 옷을 입은 사내가 와서 자네 이름을 사칭하기에 쫓아버렸다네."

스위프트는 진지한 얼굴로 말하고는 빙긋 웃었다.

Baltasar Gracián

매력을 지니라. 매력은 지혜롭고 예의 바른 자가 부리는 마술이다. 자기가 지닌 유쾌한 성격들을 진정한 이익보다는 호감을 얻는 데 더 많이 써야 하지만 두 가지 모두에 이용하는 것도 나쁘지 않다. 호감이라는 뒷받침이 없다면 공적만으로는 충분치 않다. 호감이야말로 박수갈채를 부여하는 본질적인 것이다. 남을 지배하기 위해 쓸 수 있는 가장 유용한 도구는 인기를 얻는 것이요, 인기는 실상 운이 따라야 얻을 수 있는 것이다. 그러나 재주만 있다면 인기를 북돋우지 못할 것도 없다.

Baltasar Gracián

자리를 비움으로써 자신에 대한 평가와 평판을 드높일 줄 아는 사람이 되라. 참석이 명예를 깎아내린다면 불참은 명예를 드높인다. 그 자리에 없으면 사자로 간주될 사람도 그 자리에 있으면 보잘것없는 산짐승이라는 말밖에 듣지 못한다. 상상력은 얼굴보다 더 멀리 나아가고, 귀를 통해 들어온 환상은 눈을 통해 빠져나가 버린다. 그러나 명성의 한가운데에 조용히 머무르는 자는 명예를 보전할 수 있다.

마음에 감동 한 편

영국의 문호 새뮤얼 존슨 박사는 신발조차도 살 수 없는 가난한 집에서 태어났기 때문에 소년 시절에는 언제나 맨발로 다녔다.

그가 옥스퍼드 대학에 다닐 때, 친구 중에 부잣집 아들이 있었는데 그 친구는 존슨의 궁핍한 생활상을 보고 그를 매우 가엾게 여겼다. 그래서 하루는 몰래 새 구두를 그의 방문에 걸어두었다.

밖에서 돌아온 존슨은 그것을 보자마자 바로

창밖으로 휙 집어던져 버리고는 말했다.

"타인에게서 받은 신발을 신는 것은 타인의 비호를 받는 것과 같은 일이다. 나는 설사 굶어 죽는다 하더라도 타인의 도움은 받지 않을 것이다. 신발이 없어서 옥스퍼드 거리를 돌아다닐 수 없다면 몰라도, 내게는 지금 마음껏 돌아다닐 수 있는 훌륭한 두 발이 있다. 그것 외에 무슨 신이 더 필요하단 말인가?"

그러고는 변함없이 계속해서 맨발로 통학했다.

Baltasar Gracián

기회를 잘 포착하라. 늘 상황에 맞춰 적절하게 행동하고 적절하게 사고해야 한다. 그리고 어떤 일을 할 때에도 그 일을 해낼 능력이 있는 시기를 놓쳐서는 안 된다. 시간과 기회는 사람을 기다려주지 않는다. 미리 어떤 계획을 세워놓고 그 계획을 너무 고집해서는 안 된다. 덕행과 관련된 계획만이 예외다. 특정한 조건들이 행동 의지에 제약을 가하게 해서도 안 된다. 오늘 내쳤던 물을 내일 마셔야 하는 사태가 발생할 수도 있기 때문이다.

Baltasar Gracián

존경심에 사랑까지 더해지는 것은 커다란 행복이다. 대개 존경심을 받기 위해서는 너무 인기가 좋아서도 안 된다. 사랑은 증오보다 더 흔들리기 쉽다. 애정과 존경은 여간해서 결합되지 않는다. 너무 존경받는 나머지 경원시되어서도 안 되겠지만 너무 인기 있는 사람이 되는 것도 바람직하지 않다. 애정은 신뢰를 안겨주지만 애정이 한 걸음 앞으로 나아갈수록 존경심은 한 걸음 물러선다. 감정에서 비롯된 애정보다는 존경심에서 비롯된 애정을 얻는 데 힘써야 한다. 그것이야말로 모든 이에게 사랑받는 길이다.

마음에 감동 한 편

 미국의 제16대 대통령 에이브러햄 링컨은 가난한 농가에서 태어났다. 그가 의회 활동을 할 당시만 해도 미국 사회는 계급과 가문을 굉장히 중시했다.
 링컨은 대통령 선거 전날 저녁 의회에 참석해 연설하던 중, 어느 의원에게 치욕스런 말을 들었다.
 "링컨 선생, 연설을 시작하기 전에 당신이 가난한 제화공의 아들이라는 사실을 기억하기 바랍니다."

"세상을 떠나신 제 부친을 떠올리게 해주셔서 대단히 감사합니다. 당신은 제가 영원히 잊지 말아야 할 사실을 깨우쳐주셨군요. 그렇습니다. 저는 가난한 제화공의 아들입니다. 제가 아무리 훌륭한 대통령이 된들 제 부친께서 만든 신발처럼 완벽하진 못할 겁니다."

순간 의회에는 침묵이 흘렀고 링컨은 고개를 돌려 경박하기 그지없는 그 의원을 바라보며 다시 입을 열었다.

"제가 알기로 제 부친께서는 생전에 의원님 가문의 신발을 만들어주셨습니다. 제 아버님이 만드신 신발이 발에 맞지 않았다면 말씀해주십시오. 기꺼이 수선해드리겠습니다. 어릴 때부터 아버님께 제화 기술을 배웠기 때문에 얼마든지 고쳐드릴 수 있습니다."

링컨은 의회에 모인 모든 사람들에게 말했다.

"의회에 참석한 모든 의원님들도 마찬가지입니다. 만약 여러분께서 신고 있는 신발을 제 부친께서 만드셨다면 이미 많이 낡았을 겁니다. 제게 말씀해주시면 성심성의껏 고쳐드리겠습니다. 하지만 한 가지만 양해해주십시오. 저는 제 아버님 같은 위대한 제화공이 아니어서 신발을 완벽하게 다룰 줄 모릅니다. 세상에 제 아버님의 솜씨를 따라갈 만한 제화공은 없으니까요."

어느새 링컨의 얼굴에는 눈물이 흘렀다. 그리고 그를 멸시하던 사람들의 비웃음은 진심 어린 박수로 바뀌었다.

훗날, 링컨은 대통령이 되어 미국 사회의 평등에 많은 기여를 하였다.

그 무엇도 우리를 갈라놓을 수 없습니다

-칼릴 지브란

숨이 멎을 것 같은 전율

그 가슴 벅찬 깨달음

너무나 익숙한 느낌

그대를 처음 본 순간

나는 알아버렸습니다

그리고 나의 사랑은 시작되었습니다

그날의 떨림은

지금까지도 내 가슴에 생생하게 남아 있습니다

달라진 게 있다면 단지

천 배는 더 깊고

천 배는 더 애틋해졌다는 것뿐입니다

영원으로부터 영원까지
그대를 사랑합니다
이 세상에 태어나기 전부터
그대를 만나기 훨씬 전부터
나는 그대를 사랑하고 있었나봅니다
그대를 처음 본 순간
나는 그것을 알아버렸습니다

운명
그대와 나의 사랑은 운명이기에
그 무엇도 우리를 갈라놓을 수 없습니다

지식보다

상상력이 더 중요하다.

알버트 아인슈타인

이따금씩 일요일에 한 시간 동안

박물관이나 전시회를 구경해보세요.

가능하면 혼자서요.

넓은 공간들을 이리저리 둘러본 다음,

박물관 내 기념품 가게에서 예쁜 선물들을 고르고

카페에 앉아 신문도 읽어보는 겁니다.

박물관이나 전시장은

우리가 살고 있는 소란스런 도심 속에서

찾아보기 힘든 조용한 장소입니다.

고요를 즐겨보세요.

특별히 마음을 끄는 몇몇 작품들을 찬찬히 살펴보며

생각도 굴려보고요.

중요한 건 머리로 작품을 분석하는 것이 아니라

마음으로 보는 것입니다.

중세 여인의 진지한 표정 속으로 들어가 느껴보세요

아니면 꽃들이 만발한 모네의 정원을 산책해도 좋고요.

또 다른 세계로도 빠져보시고요.

한 시간만 지나면

그새 얼마나 깊숙이 빠져들었는지 놀라게 될 거예요.

더불어 자신의 삶에 대한

보다 새롭고 넓은 시각을 갖게 될 것입니다.

문득 부정적인 생각을 하고 있는 자신을 발견한다면,

생각의 주제를 바꾸라.

마사 스모크

긍정적인 혼잣말을 마음 밭에 심어보세요.

그러면 그 밭에서 강한 뿌리가 자라날 것입니다.

그렇게 혼잣말을 하다보면

비판적이고 부정적인 생각을 하던 사람이라도

그것을 강하고 긍정적인 것으로 바꾸게 됩니다.

만약 '난 아무것도 해낼 수 없어'라고 생각했다면,

그것은 어느새 '난 할 수 있어'로 변하지요.

'난 언제나 실수만 해'라고 생각하던 사람도

'난 벌써 많은 일을 했는걸!' 하게 될 테고요.

거울 앞에 섰을 때,

'꼴이 말이 아니군'이란 생각을 했다면,

'어제 제대로 못 잤나봐'로 바뀔 것입니다.

늘 내면의 목소리를 충분히 존중하고

애정을 담뿍 주어야 합니다.

그래야 당신의 인생에 닥칠 시련을

내면의 희망과 기대로 극복할 수 있을 테니까요.

봄은 참으로 놀라운 계절이다.

무모한 짓을 감행해도 좋을 만큼

젊은 기분이 드니 말이다.

프랭클린 존스

나무 그늘 아래 누워,

주변의 울창한 자연을 즐기며 오감에 흥을 돋워보세요.

공원도 좋고,

나무가 있고 햇살이 비치는 곳이면

어디든 좋습니다.

그곳에 가는 거예요.

나무들이 얼마나 울창한지 돌아보세요.

밤나무며 활짝 핀 라일락 등이 눈에 들어올 겁니다.

그중에서 특별히 끌리는 나무를 하나 골라보세요.

그리고 멀리서부터 나무 밑동과 나뭇잎의 모양새를

찬찬히 뜯어보는 거예요.

나무에 손이 닿을 때까지 천천히 다가가보세요.

나무가 뿜어내는 저 맑고 찬 공기를

가슴속 깊이 들이마시고

나뭇잎 지붕 아래 털썩 앉거나 드러누워보세요.

숨을 깊이 들이마시는 동시에

나무와 나무가 가진 힘을 느껴보세요.

나뭇잎과 꽃떨기의 아름다움에 경탄하면서

나무의 힘에 한껏 도취되어보는 거죠.

그곳을 떠날 때 즈음에는

마음이 한결 가벼워져 있을 거예요.

평온은

질서를 일으킨다.

노자

약 2100년 전에 살았던

고대 중국의 철학자인 노자의 말을 빌자면,

도교와 건강, 안일, 영성은

떼려야 뗄 수 없는 관계입니다.

오늘을 사는 우리에게도 이러한 동양의 가르침은

삶과 안일에 대한 새로운 시각을 의미할 수 있겠죠.

도교에서는

세상과 우주에 발현되는

여성과 남성의 기운인 음과 양이 존재하며,
이 두 가지 힘은 도,
다시 말해 포괄적인 존재의 질서를 만든다고 믿습니다.
그리고 인간 내면의 저항력이나 남녀의 차이,
천지의 차이 등과 같은 삶의 모든 모순들이
비록 현저하기는 해도
서로 합일이 가능하다는 것을 근본으로 삼고 있지요.
사람들은 '다름'과 '분리'를 논하려는 경향이 있습니다.
그러나 도교에서 말하는 삶의 목적은
그런 논의와는 동떨어져 있습니다.
다시 말해,
삶에서 분리되어 있던 것들이 서로 엇물리는 곳이면
어디든 도가 싹튼다는 것이죠.
나 자신과 삶의 모순들이 일체가 될 때
비로소 세상은 제대로 굴러가는 것이고요.

주말을 떠올렸을 때

두렵거나 언짢아진다면,

맹렬하게 일하는 여성이 되라.

앤 윌슨 섀프

당신이 사는 곳에 대해 얼마나 알고 있나요?

한 해 대부분의 시간을 집과 직장을 오가는 데,

혹은 집과 유치원을 오가는 데 보내지는 않나요?

물론 어디에 무엇이 있는지 정도는 알고 있겠죠.

슈퍼마켓, 약국, 빵집, 신문 가판대, 작은 서점들.

하지만 살고 있는 도시의 저 반대편 구석은 어떤가요?

시립 박물관은 어디에 있죠?

시청에 가본 적은 있나요?

다른 동네는 어떤가요?

사는 곳이 도시가 아니라 시골이라면,

한 달에 한 번 쇼핑 삼아 나오는 근처 도시에 대해서는

얼마나 알고 있나요?

당신이 사는 곳이라 하더라도

한 번쯤은 관광객이 되어보세요.

시간을 내서 아직 가보지 않은 곳을 둘러보는 거예요.

선글라스를 끼고 목에다 사진기를 걸고

가방엔 지도를 챙겨넣고요.

이제 떠나보세요.

잘 몰랐던 동네를 어슬렁어슬렁 다니면서

새로운 가게도 발굴하고

멋진 카페에 들러 잠시 쉬어도 보고요.

몰랐던 사람들과 이야기도 나눠보세요.

이처럼 휴일 오후를 멋지게 즐겨보자고요.

소중한 사람에게 주고 싶은 책

엮은이 · 박은서

펴낸이 · 오광수 외 1인 | **펴낸곳** · **새론북스**

주소 · 서울특별시 용산구 한강대로 76길 11-12 5층 501호

TEL · (02) 3275-1339 | **FAX** · (02) 3275-1340

출판등록 · 제 2016-000037호

jinsungok@empas.com

초판 1쇄 인쇄일 · 2010년 10월 20일 | **초판 6쇄 발행일** · 2023년 12월 25일

ⓒ**새론북스**
ISBN 978-89-93536-24-9 (03810)

*도서출판 꿈과희망은 새론북스의 계열사입니다.
*책값은 뒤표지에 있습니다. 잘못된 책은 바꾸어 드립니다.